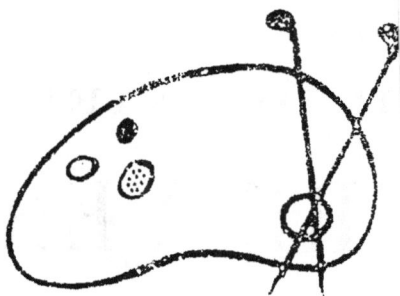

Début d'une série de documents
en couleur

LE DERNIER
LIVRE VERT

DE L'ARCHEVÊQUE DE NARBONNE

PAR

L'ABBÉ SABARTHÉS

NARBONNE

IMPRIMERIE F. CAILLARD, RUE CORNEILLE, 2

—

1895

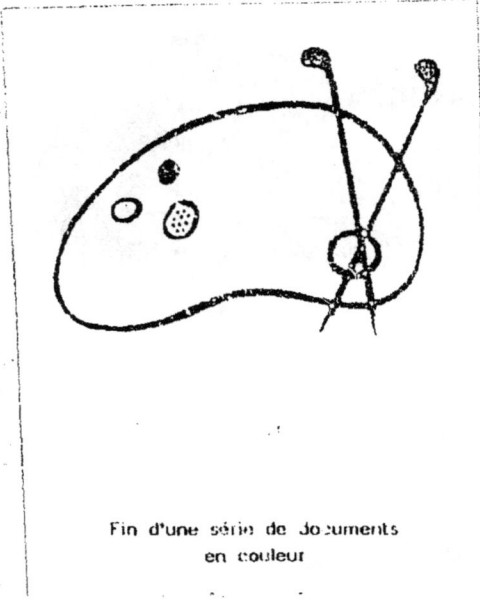

Fin d'une série de documents
en couleur

LE DERNIER LIVRE VERT

DE L'ARCHEVÊQUE DE NARBONNE

LE DERNIER

LIVRE VERT

DE L'ARCHEVÊQUE DE NARBONNE

PAR

ABBÉ SABARTHÉS

NARBONNE

IMPRIMERIE F. CAILLARD, RUE CORNEILLE, 2

1895

LE DERNIER LIVRE VERT

DE L'ARCHEVÊQUE DE NARBONNE

Le *Livre Vert*, inventaire des revenus et droits seigneuriaux de l'archevêché de Narbonne, fut rédigé dans la
seconde moitié du xiv⁵ siècle, sous la prélature de Pierre
de la Jugie (1347-1376). L'original en est perdu, mais il
existe (1) une copie faite sous Claude de Rebé en 1649 ;
elle a été publiée par M. Laurent, ancien archiviste de
l'Aude, qui l'a fait précéder d'une introduction (2).

Ce travail nous fournit sans doute de précieux renseignements sur les domaines de l'archevêché, sur les droits
appartenant à l'archevêque, sur la nature des revenus et
la manière de les percevoir. Mais ces renseignements
datent de la période féodale et sont par conséquent peu
accommodés à l'esprit du xviii⁵ siècle ; quelques-uns de
ces droits étaient tombés en désuétude, les propriétés
avaient subi des modifications. Ce n'est donc qu'imparfai-
tement que l'on connaît les revenus de l'archevêque ; ce

(1) *Arch. dép. Aude*, G. 2.
(2) Paris, Alph. Picard, 1886, un vol in-8⁰, xLv-150 p.

serait mal les apprécier que de les apprécier d'après le *Livre Vert*.

Un travail plus moderne, plus contemporain, ne sera que plus véridique et mieux accommodé à la vie des deux derniers siècles ; nous avons essayé de l'entreprendre.

I

Le 24 mars 1790, l'abbé Guillaume-Joseph Rodier, prévôt et chanoine de Saint-Étienne-Saint-Sébastien (1), « vicaire-« général, procureur à ce spécial et général dudit seigneur » (archevêque), fit « déclaration et état... par devant Mes-« sieurs les officiers municipaux de Narbonne... des biens, « revenus et charges de l'archevêché de Narbonne ». C'est cette pièce, que nous avons entre les mains, qui servira de base à notre travail.

L'archevêque de Narbonne percevait, comme tel, des fruits et des revenus dans l'étendue de son territoire juridictionnel ; comme seigneur, il avait des droits qu'il ne percevait que dans les lieux relevant de sa justice et de sa directe seigneuriales. De là vient qu'il les prélevait sur un ensemble de territoire qui dépendait, après le démembrement des sénéchaussées, de la sénéchaussée de Carcassonne, de la sénéchaussée de Béziers, de la sénéchaussée de Limoux et du ressort du conseil souverain de Roussillon, mais qui dépassait les limites de son diocèse ecclésiastique.

Ceci nous oblige à donner quelques détails sur les grands

_____

(1) Né le 12 janvier 1745, il mourut en 1810 à Narbonne, où il demeurait ; après le Concordat, il avait été nommé chanoine honoraire de Carcassonne.

rouages de l'administration au dernier siècle. La province de Languedoc se divisait en sénéchaussées, lesquelles se subdivisaient en diocèses civils, pour l'assiette et la perception des divers impôts. Aux diocèses ressortissaient les villes et les communautés, qui, à leur tour, formaient des consulats et des taillables.

Les diocèses ecclésiastiques étaient généralement compris dans les limites des diocèses civils. Il existait parfois des exceptions ; c'est ainsi que le diocèse de Narbonne comprenait les diocèses civils de Narbonne et de Limoux, ressortissant, le premier en majeure partie à la sénéchaussée de Carcassonne, en faible partie à la sénéchaussée de Béziers ; le second, à la sénéchaussée de Limoux.

D'autre part, si un bon nombre de paroisses du diocèse ecclésiastique, comme Aubian, Céleyran, Truillas, Citou, Lespinassière, Montbrun, Bizanet, ne payaient aucune redevance à l'archevêque, il en percevait en dehors de son diocèse : à Cazouls, du diocèse de Béziers ; à Quillan, Ginoles, Brenac, Cavirac, Coudons, Galinagues, Mérial, au diocèse d'Alet ; à Perpignan, etc.

Sous l'ère féodale, les fruits et les revenus de l'archevêché étaient par des agents spéciaux recueillis dans les diverses baylies du diocèse : Alaigne, Canet, Capestang, Narbonne, Sigean et Villerouge-Termenès. Dans les temps modernes, les droits, à l'exception des lods, étaient affermés par acte notarié à des particuliers qui les percevaient pour leur propre compte, sous le paiement annuel d'une somme fixe. Le fermier, la plupart du temps, groupait dans un même bail les revenus de plusieurs communautés voisines, comme à Coustouge et Jonquières, Castanviel, Pujol-de-Bosc et Villerambert.

Au xviii⁰ siècle, les notairies sont supprimées, ainsi que leurs redevances en argent, cire, poivre ou autres ; supprimés encore tous les droits du quart en orge et en froment. Le plus grand nombre de moulins sont passés aux mains des communautés qui en ont racheté la banalité ; à peine quelques fours appartiennent à l'archevêque.

Il a conservé ses droits de dîme ; nulle part il ne la prélève entière ; le plus ordinairement il perçoit le tiers ou le quart ; une seule fois, à Montgradail, il en reçoit la moitié ; quelquefois, comme à Missègre, les deux onzièmes, ou les trois seizièmes, comme à Mailhac (1).

Les pensions en nature ou en argent sont le plus souvent affermées avec les droits de dîme ; elles sont rarement requérables sur les lieux, comme à Saint-André-de-Roquelongue et Gaussan. On doit les apporter à Narbonne d'Argens, de Caumont, de Luc, de Gasparets, de Montrabech, d'Ornaisons ; la pension d'Escales doit être apportée à Canet. Ces diverses pensions en nature ou en argent sont prélevées sur la cure.

L'avoine est estimée à 6 livres 10 sols le sac dans le Razès ; à 7 livres dans le Termenès ; le setier de blé, à 13 livres 10 sols ; l'orge, à 5 livres ; la charge de vin, à 10 livres ; l'huile, à 11 livres la mesure.

Dans le cours des siècles, les archevêques ont perdu ou aliéné quelques seigneuries. A Pasa, commune de Rouffiac-des-Corbières ; à Boulude, commune de Marsa ; à Douzeilles, communes de Marsa, de Joucou et d'Aunat ; à Combret, commune d'Escouloubre ; à Buc ; dans le terroir du rec d'Aliers entre Axat et Saint-Martin-Lys ; à Malemate, commune de Castelreng ; à Fontarèche, commune de Canet ; à Quillanet, commune de Bizanet ; à Aigne, dans l'Hérault ; à Pia, à Peyralade, commune de Saint-Paul-de-Fenouillet, dans le Roussillon, l'archevêque a aliéné le droit de haute, moyenne et basse justice, avec tous les droits afférents, ainsi que les diverses possessions,

---

(1) Le reste était perçu ou par le seigneur local, ou par d'autres coseigneurs, ou aussi par le recteur du lieu.

châteaux, maisons, prairies, vignes, condamines, et les droits de propriétaire terrier (1).

Il a perdu encore les droits et les diverses redevances dans les localités suivantes : Canos, Fontarèche, Conilhac, Quillanet, Coursan, Sélian, étang de Montady, Carcassonne, Embres, Arques, Carcassès (commune de Laroque de Fa), Valmigère, Saint-Ferréol, Campagne, Niort, Axat, Artigues, Quirbajou, Antugnac, Brézilhac ; enfin Vizilla, La Tour et Millas, dans le Roussillon.

Mais en revanche il a acquis de nouveaux droits dans les paroisses suivantes qui ne sont pas portées au *Livre Vert* du xive siècle : Camplong, Fabrezan, Villerouge-la-Panouse, Ferrals, Ginestas, Homps, Luc, Mirepeisset, Montredon, Moux, Peyriac-Minervois, Portel, Raissac et Saint-Martin-entre-deux-eaux, Saint-Nazaire, Bize, Mailhac, Quarante et Saliès, Camps.

Il n'est pas surprenant qu'au xviiie siècle les droits de l'archevêque aient été sensiblement diminués ou bien modifiés. Déjà au xive siècle le rédacteur du *Livre Vert* constate que « dans certains lieux il doit y avoir d'autres « censives, le baile de l'archevêque voudra bien les recher- « cher avec diligence. » D'autre part, les communautés avaient essayé de s'affranchir de diverses redevances, comme corvées, journées d'hommes ou d'animaux, en s'imposant des albergues au profit de l'archevêque. Inutile d'ajouter que les redevances en gants, éperons, gâteaux, sont d'un autre temps.

Sur les revenus de l'archevêché pesaient trois sortes de dépenses ou charges. Les unes sont *locales*, c'est-à-dire propres et inhérentes au revenu de chaque taillable ; l'allivrement en était donc variable. Ces dépenses consis-

(1) Il avait perdu aussi la moitié de la moyenne et de la basse justice à Fa.

taient à entretenir le sanctuaire des églises comprises dans le décimaire archiépiscopal, à fournir les sacristies d'ornements convenables, luminaire, honoraire des prédicateurs, aumônes pour les pauvres de la communauté; traitement du curé qui desservait une chapelle ou un prieuré (le recteur de Gruissan pour la chapelle de Sainte-Lucie); entretien des locaux, fermes, bergeries, etc., honoraires des gardes-forestiers, à Coudons, Mérial, etc. Ces charges locales n'existent pas, cela va sans dire, si l'archevêque ne reçoit aucune part de dîme, comme à Gasparets, à Jouarres, Laredorte, etc. Elles sont toujours proportionnées à la part de dîme que perçoit l'archevêque, car les autres décimateurs doivent concourir à toute dépense. C'est ainsi qu'à Laure, en 1674, sur une dépense de 100 livres destinée à l'église paroissiale, l'archevêque payait 9 livres 2 sols 7 deniers; l'évêque de Carcassonne, 16 livres 7 sols 1 denier; le chapitre Saint-Just, 18 livres 16 sols 3 deniers; le chapitre Saint-Sébastien, 6 livres 18 sols 2 deniers; le précenteur de la cathédrale de Carcassonne, 3 livres 13 sols 6 deniers; le prieur de Laure, 17 livres 14 sols 2 deniers; l'infirmier de l'abbaye de Caunes, 5 livres 7 sols; le prieur de Gibaleaux, 4 livres 8 sols 11 deniers; et le vicaire perpétuel de Laure, 17 livres 11 sols 1 denier.

Les autres dépenses de l'archevêque de Narbonne étaient *générales*, et chaque objet de revenu devait en supporter sa *portion*, à raison de 2 sols 8 deniers par livre, ou deux quinzièmes du revenu. Ces charges avaient trait à l'administration générale et se répartissaient de la manière suivante :

Pension royale sur l'archevêché en faveur de M. l'abbé de Lafargue..................	525 liv.	
Pension ou aumône fixe et exigible aux hôpitaux de Narbonne de 150 setiers de blé évalués à	2.025	10 s.
A reporter..........	2.550 liv.	10 s.

Report............	2.530 liv. 10 s.
Rente annuelle au chapitre de l'église prima-tiale..................................	300
Pension de 100 setiers de blé au chapitre de l'église abbatiale et collégiale de Saint-Paul de Narbonne, estimés....................	1.350
Pension à l'Université de Toulouse...........	80
Pension à l'un des deux bedeaux de Saint-Just.	100
Honoraires du concierge des prisons de l'arche-vêché pour la justice spirituelle et temporelle, 6 setiers de blé......	81
Gratification, d'usage très ancien, aux valets de ville, portiers et autres de Narbonne.......	24
Frais de justice, de féodale, de procédures, frais pour les enfants trouvés, année commune..	2.000
Perte sur les revenus pour insolvabilité des débiteurs et indemnités.................	10.000
Frais de régie et perception générale des revenus	6.000
Aumônes volontaires, publiques ou secrètes, (outre celles de chaque communauté).......	6.000
TOTAL............	28.485 liv. 10 s.

La troisième sorte de dépenses étaient les *décimes* que chaque bénéfice ecclésiastique payait au roi; ils étaient calculés à raison de 1 sol 11 deniers par livre, soit les deux vingt-unièmes du revenu. Ils s'élevèrent pour l'année 1789 à 20,294 livres 18 sols.

Après ces explications, nous allons relever, par séné-chaussées (1) et par paroisses, les domaines et les droits de l'archevêque. Le calcul en livres, sols et deniers étant de nos jours peu familier aux lecteurs, nous l'établissons pour chaque paroisse, en mettant en regard de la recette brute les charges locales, la portion des charges générales et les décimes dont était grevé chaque taillable; enfin nous donnons le revenu net de l'archevêque.

(1) Nous observons cet ordre qui correspond à la hiérarchie administrative, financière et judiciaire de l'époque.

II

SÉNÉCHAUSSÉE DE CARCASSONNE

Cette circonscription administrative fut constituée après la paix de 1229 ; un seul des sénéchaux qu'avait eus Simon de Montfort à Béziers et à Carcassonne administra toute la partie occidentale du pays acquis à la couronne, qui s'appela plus tard sénéchaussée de Carcassonne et de Béziers.

Les limites et l'étendue de la sénéchaussée de Carcassonne ont souvent varié, nous ne les rapporterons pas ici. Elle fut surtout démembrée à deux reprises pour former les sénéchaussées de Béziers (1528) et de Limoux (1642) (1).

Malgré ces modifications, Carcassonne demeura jusqu'à la fin le chef-lieu d'une sénéchaussée à laquelle ressortissaient le Carcassès ou viguerie de Carcassonne, les vigueries du Cabardès et du Minervois, séparées d'abord et unies ensuite, la châtellenie de Montréal et l'Albigeois ; en tout deux cent quatre-vingt-dix-huit communautés.

Relevons successivement les domaines et les droits de l'archevêque dans cette étendue administrative.

---

(1) Après les trois sénéchaussées historiques, Toulouse, Carcassonne, Beaucaire, plusieurs autres furent créées ; au point qu'en 1698, Basville, dans ses *Mémoires pour servir à l'histoire de Languedoc*, en comptait déjà huit. L'*Almanach de la Province* de 1786 énumère 15 sénéchaussées et présidiaux, 9 sénéchaussées simples, sans compter la sénéchaussée ducale d'Uzès.

Domaines de l'archevêque.

NARBONNE.

L'archevêque possédait dans la ville le palais archiépiscopal, avec cour et jardin, renfermant comme destinés à l'utilité publique la salle du Synode, la chapelle Saint-Martial, avant-chapelle et sacristie, les bâtiments de la conciergerie, vieux palais construit en 1273, comprenant la chapelle de la Madeleine, affectée à la justice, aux prisons et au logement du concierge.

Ces deux immeubles, occupés aujourd'hui par les services municipaux, n'ont été sensiblement modifiés qu'à la façade du levant. L'entrée principale étant par la rue de l'Ancre, l'entrée actuelle n'existait pas ; le rez-de-chaussée et l'entre-sol étaient occupés par des boutiques (1), que l'archevêque louait à des particuliers, et qui produisaient un revenu annuel de 1,337 livres.

Il possédait encore la maison dite de la Pomme et la cour en dépendant (2), louée au prix de 360 livres ; quatre boutiques dans la rue Droite (3), données à loyer pour le prix annuel de 448 livres. Il percevait enfin une rente annuelle de 40 livres pour deux chambres dépendantes de la conciergerie, louées à la veuve Durand. Ces diverses maisons ont été cédées à des particuliers ; seul le palais

---

(1) Six sur la façade de la place, cinq sur la rue Entre-deux-Villes. *Arch. dép. Aude*, G. 5, fol. 13.

(2) Attenante au quartier de la Madeleine. *Ibid.*

(3) L'une à la suite de l'autre, situées le long de la rue Droite, lesquelles aboutissent par le derrière à ladite maison de la Pomme. *Ibid.*, vº Procès-verb. de 1767.

archiépiscopal proprement dit est devenu propriété communale en 1842.

Cette acquisition mérite une mention spéciale. Depuis la Révolution l'État avait joui de ces immeubles, affectés au département de la guerre. Il en louait néanmoins une partie à divers particuliers, notamment les boutiques, les caves et écuries du rez-de-chaussée ; la Commission archéologique occupait diverses salles, entre autres la première salle du Musée actuel et la salle dite de la Croix ; le service des télégraphes occupait la tour du midi ; la ville employait la salle du Synode ; la justice de paix était au premier étage, sous le Musée ; le tribunal de première instance, avec salle de conseil, cabinet du greffier, occupait les salles de la Bibliothèque actuelle. L'État percevait de ces diverses locations la somme de 6,499 fr. Dès 1837 la municipalité de Narbonne avait songé à acquérir ce palais (1).

Par arrêté préfectoral du 3 décembre 1839, Guillaume Grulet, ingénieur ordinaire de 1re classe du corps royal des ponts et chaussées, et Joachim Besset, ingénieur civil à Narbonne, furent nommés experts à l'effet de procéder à l'estimation des bâtiments de l'ancien archevêché. Ils évaluèrent l'ancien palais, le bâtiment de la Madeleine et le jardin au prix de 147,000 francs. Le 3 mai et le 5 juin 1842, la vente fut autorisée et consentie sur ce prix d'estimation, après enquête de commodo et incommodo et malgré une pétition signée de 113 habitants de Bourg. Les services municipaux y ont été installés, après réfection de la façade principale par Viollet-Leduc.

Les autres maisons que possédaient les archevêques en

---

(1) Un immense dossier comprenant plus de cent pièces et quatre plans suffit à peine à montrer les difficultés de l'opération et la volumineuse correspondance échangée entre la mairie, la sous-préfecture, la préfecture, l'administration des domaines, le service des télégraphes et le ministère de l'intérieur. (*Arch. dép. Aude.* Q. 1. Domaines, 2 bis.)

Cité et près de l'église Saint-Sébastien avaient été
aliénées ; la dernière, qui servait autrefois au débit du
sel de l'archevêché, en Bourg, île le Consulat, avait été
inféodée à MM. Mengau et Brel sous l'albergue de 6 livres.

La plupart des domaines de l'archevêque dans le terroir
de Narbonne avaient été inféodés sous réserve d'albergues annuelles. Les herbages et pâturages en devois des
terroirs du Fleix et du Vesc, ainsi que le droit de ban et
faculté de boucherie, avaient été inféodés à la ville pour
une albergue de 600 livres; la condamine du Fleix, primitivement à Hugues Marqueiret, ensuite à Antoine Bouisset,
contre une albergue de 230 livres ; un pré au terroir de
Malesang, d'abord baillé en fief à Claude de la Brosse,
était inféodé en 1789 au chanoine Augier, pour autre
albergue de 30 livres ; le terroir de Mandirac et l'étang de
Saint-Laurent étaient inféodés d'abord à noble Hercule
de Trégoin, puis à M. de Niquet, pour une albergue de
600 livres; le lac, les étangs et terres de Lunes étaient
encore inféodés aux de Trégoin pour une autre albergue
de 12 livres de cire blanche, évaluées à 9 livres, avec
hommage d'une croix d'or de demi-once à chaque muta-
tion d'archevêque ; enfin les herbages et pâturages en
devois du terroir de Caytivières étaient inféodés au sieur
Paul Gleizes pour 70 livres d'albergue.

L'archevêque avait conservé néanmoins et possédait
en pleine propriété un jardin potager, maison, étable
et basse-cour en dépendant, appelés de Saint-Loup,
hors la ville, paroisse de Saint-Just. Le tout était affermé
au prix annuel de 380 livres. La condamine d'environ
22 séterées de terre, dite la Mailhole, au terroir de Bourg,
était affermée avec les herbages du devois en dépendant
et avec les portions de dîme (celle du vin exceptée)
appartenant à l'archevêché aux terroirs de Vignemijea,
Villar de Fargues et Malesang, au prix annuel de 2,112
livres.

La dîme du vin de ces terroirs était levée par les préposés de l'archevêque et rendait, année commune, 40 muids deux tiers de vin, revenant à raison de 30 livres le muid à 1,220 livres.

L'archevêque percevait de temps immémorial sur l'ancienne église de Pradines, dépendant de l'abbaye de Fontfroide, une pension annuelle de 20 sols en argent, 25 setiers de blé et 26 setiers d'orge, revenant, année commune, à 468 livres 10 sols; sur les greniers à sel de Narbonne, 20 minots de sel, à titre de franc-salé, estimé à 20 livres le minot 400 livres. Quelques capitaux étaient placés au profit de l'archevêque sur la province de Languedoc et sur le diocèse de Narbonne; ils produisaient annuellement une rente de 677 livres 16 sols.

L'archevêque de Narbonne était en outre seigneur en toute justice et directe d'une partie de la ville et terroir de Narbonne. Sa juridiction s'étendait, dans la Cité, sur toute la partie ouest, déterminée par une ligne partant du milieu du pont des Marchands, traversant la rue Droite jusqu'à la porte de Béziers; dans le Bourg, sur la partie est et sur la partie nord; dans le territoire de Cité, sur les tènements suivants : Capoulade, le Fleix, Saint-Loup, Saint-Félix, le Bousquet, le Clos Saint-Esprit et la Salade; dans le territoire de Bourg, à Mandirac, Saint-Sigismond, la Mailhole, l'Arnet, la Cafforte, Malesang, Vignemijea, Saint-Laurent, Montfort, Caytivières, Rotecas... (1).

Ce droit seigneurial consistait en lods au sixième, censives et autres usages, droits sur les salins de Narbonne, rapportant à l'archevêque un revenu annuel évalué à 640 livres, non compris les directes inféodées et ci-dessus énumérées, les lods produisant 2,032 livres 9 sols 9 deniers.

(1) Cf. *Inv. somm. arch. com. Narb.*, série BB. t. ɪɪ, p. 1012.

Il jouissait enfin d'un cinquième du droit de leude de Narbonne et du port de la Nouvelle, les quatre cinquièmes appartenant à M. le baron de Baye, engagiste du roi. La part de l'archevêque était affermée au prix annuel de 1,450 livres. En dernier lieu, ce droit était contesté à l'archevêque par les sieurs Viard, de Narbonne.

Les revenus de l'archevêque dans Narbonne peuvent donc se résumer de la manière suivante :

Loyer des boutiques................	2.185 l.	» s.	» d.
Albergues........................	1.545	»	»
Ferme de Saint-Loup et de la Mailhole.	2.492	»	»
Dîme du vin	1.220	»	»
Pension de Fonfroide..............	468	10	»
Droit de sel......................	400	»	»
Rentes constituées	677	16	10
Droit de justice et directe...........	2.572	9	9
Droit de leude....................	1.450	»	»
TOTAL......	13.010 l.	16 s.	7 d.

Les charges locales du revenu de Narbonne consistaient dans les objets suivants : entretien du palais et annexes (1,200 liv.); Saint-Loup (31 liv. 13 s. 8 d.); gratification ordinaire à raison du franc-salé (6 liv.); frais de publication de la foire de Narbonne (10 liv.); à la basoche (12 liv.); frais de prédication, Avent, Carême et Octave du Saint-Sacrement, à Saint-Just (pour le tiers, 113 liv. 13 s. 4 d.); portion de luminaire, réparation du sanctuaire et des ornements de la paroisse de Lamourguier (21 liv.).

	liv.	sols	d.
Recettes....	13.010	16	7

	liv.	sols	d.				
Charges locales............	1.400	7	»				
Portion des charges générales.	1.734	18	2		4.374	9	7
Décimes............	1.239	4	5				
NET................					8.636	7	»

En dehors des charges locales ou générales que nous venons d'énumérer, l'archevêque de Narbonne avait l'administration de fondations pieuses qu'il convient de mentionner, bien que le produit ne se confondît pas avec les revenus archiépiscopaux.

Fondation de Vervins (du 21 mars 1626, Me Rigaud, notaire à Narbonne), destinée à doter et à marier cinquante filles pauvres des villes et communautés dépendant de la seigneurie temporelle de l'archevêché. Le capital de 12,000 livres était placé, moitié sur le clergé du diocèse, moitié sur la communauté de Narbonne ; il produisait, tous frais déduits, 312 livres 8 sols par an. Cette fondation était administrée par l'archevêque conjointement avec deux députés du chapitre Saint-Just, le promoteur, le juge de la temporalité de l'archevêché et le greffier de l'officialité métropolitaine.

Fondation de Bonzy (du 29 mai 1679, Gardel, notaire à Montpellier), servant à doter annuellement, à raison de 50 livres, trois ou quatre filles des villes et localités où l'archevêché percevait des dîmes. Primitivement fixée à 240 livres sur la province de Languedoc, elle fut réduite, quitte des frais de greffier et de trésorier, à 196 livres.

Fondation par dame Jeanne de Sirvain, originaire de Rennes en Bretagne, veuve en premières noces de Jean-Charles de Castellet, écuyer, citoyen d'Avignon, et en secondes noces de Barthélemy Léonnard, sieur de Pech-ségur, avocat au Parlement, citoyen de Narbonne. (Testament du 30 novembre 1707. Delrieu, notaire à Narbonne). Cette fondation était administrée par les grands-vicaires du diocèse, conjointement avec le curé de Saint-Sébastien ; elle était dotée de 897 livres 10 sols sur le diocèse et la ville de Narbonne et destinée: 1° à payer 193 livres au curé de Saint-Sébastien pour honoraires de messes de fondations et 17 livres 10 sols aux marguilliers de la paroisse pour réparation et ornement de la chapelle et de l'autel paroissiaux ; 2° à fournir une dot religieuse dans un monastère de la ville de Narbonne à une demoiselle pauvre de la ville, après la mort de la dernière titulaire dotée (1); 3° à payer annuellement à M. Mengau, de Narbonne, 100 livres pour dot matrimoniale de deux filles pauvres à son choix, lequel droit, en cas d'extinction de la famille Mengau, était reversible aux exécuteurs testamentaires, les grands-vicaires et curé ; 4° enfin à assister les pauvres honteux de la paroisse Saint-Sébastien.

Fondation par demoiselle Marguerite Monier de dot religieuse (testament du 7 mai 1740, Lasserre, notaire à Narbonne), sans condition autre que de préférer les parentes de la fondatrice, sur un capital de 3,000 liv. à 5 pour cent. Les dernières dotées furent une dame Viennet, une demoiselle Fajou, religieuses à Sainte-Marie, enfin une autre demoiselle Viennet, qui en 1789 n'était pas encore entrée au monastère.

Fondation du cardinal de la Roche-Aymon (testament et codicille devant Bro, notaire au Châtelet de Paris, 27 janvier et 24 février 1777), portant donation d'un capital de 16,000 livres, constituées à 4 pour cent sur l'Hôtel de Ville de Paris et produisant net 634 livres qui étaient employées annuellement en pension à des curés pauvres du diocèse de Narbonne, au choix de l'archevêque.

En 1791, le jardin de Saint-Loup fut vendu pour 8,600 livres ; la maison de la Pomme, pour 9,650 livres : les quatre boutiques de la rue Droite, pour 11,500 livres ; les six petites maisons dans la rue d'Entre-deux-Villes, pour 24,300 livres.

---

(1) La dernière fille dotée fut Catherine Simon, religieuse à Sainte-Ursule ; on avait payé au monastère 500 livres pour vestiaire, et annuellement 250 livres de pension. (Amans, notaire à Narbonne, 27 février 1779.)

CANET.

L'archevêque de Narbonne possédait l'entière justice et directe et droits en dépendants, avec lods au sixième, censives, usages et autres droits de la terre de Canet.

Dans l'intérieur du village, il possédait un « château « noble, avec cour, porche et jardin » d'une contenance évaluée au compoix de 1733 à une séterée quatre punières. Contigu au château, un parc, « partie noble, partie roturier. »

En 1753, après la mort de l'archevêque Jean-Louis Balbis de Bertons de Crillon, vérification fut faite du château de Canet (1). Déjà ce local était en mauvais état : à la chapelle, il manquait « la table de l'autel, le gradin, le « marchepied et le cadre du devant d'autel... Sous le « règne de M. de Fouquet, l'état du parc était bien diffé-« rent de celuy d'aujourd'hui. Pour lors il y avoit un par-« terre vis-à-vis le château, il y avoit une vigne de muscat. « Il y avoit aussi quantité d'arbres fruitiers de toute « espèce, plusieurs palissades de lauriers et d'allées de « tilleuls, de ciprès et d'ormeaux. Il y avoit même un bois « d'ormeaux, une conduite d'environ 370 toises de lon-« gueur qui portoit les eaux de la rivière de Lajourre « jusque dans le parc. » A cette date les immeubles de l'archevêché à Canet sont en très mauvais état puisque l'architecte vérificateur estime à 23,788 livres le montant des réparations nécessaires (2).

L'archevêque possédait encore à Canet un four banal noble à cuire le pain, divers étables et patus, soumis à la taille et contigus au château ; un moulin noble à blé à trois meules sur la rivière d'Aude, banal pour Canet et Ventenac, avec bâtiments, écurie, four à cuire le pain, petit

---

(1). *Arch. dép. Aude*, G. 4, fol. 73, vº et seq.
(2) *Ibid.*, fol. 89.

jardin et aire contigus au moulin; un bac sur la rivière d'Aude et une petite maison pour le logement du « bacquier. »

Tous ces immeubles étaient affermés; le moulin à huile seul était inféodé à la communauté pour une albergue de 7 livres; il percevait en outre sur la communauté autre albergue de 75 livres pour réduction de la tasque.

Enfin l'archevêque percevait sur le terroir de Canet une portion non fixée par quote simple de la dîme; en sorte que le revenu total, y compris les lods évalués année commune à 379 livres 2 sols 5 deniers,

	liv.	sols	d.
s'élevait à la somme de	7.161	12	5

	liv.	sols	d.			
Charges locales	900	15	»	⎫		
Portion de charges générales.	941	16	»	⎬ 2.524	18	7
Décimes	682	7	7	⎭		
NET				4.636	13	10

L'archevêque avait aliéné à Canet « la condamine située « près du puits de la ville, une autre grande et bonne « condamine, le bon jardin situé en dehors des fossés. » Les droits de criée et d'encan, le vet du vin, le droit de boucherie, de chasse et autres ne sont plus mentionnés ; sont supprimées les corvées d'hommes ou d'animaux relatives au charroi de la vendange, au labour des terres de l'archevêque. Ce qui restait à Canet des biens de l'archevêché fut vendu en 1791 pour le prix de 44,000 livres.

CRUSCADES.

L'archevêque possédait dans ce lieu l'entière justice et directe et droits en dépendant, avec lods, censives, tasques et la moitié de la dîme. Tous ces droits, à l'exception des lods, étaient affermés au prix annuel de 1,900 livres;

les lods, année commune, s'élevaient à la somme de 214 livres 10 sols 11 deniers.

Il prélevait en outre sur la communauté deux albergues de 260 livres et sur Madame de Niquet, baronne de Luc, une albergue de 9 livres pour inféodation de l'étang (1).

Le château était donc aliéné, ainsi que le four banal et le moulin; le droit de pêche et de chasse, avec les viviers et les garennes sur les bords de l'étang de Cruscades, le droit de criée et d'encan, ainsi que les corvées d'animaux et les journées d'hommes étaient remplacés par les albergues sus-mentionnées.

	liv.	sols	d.
Revenu total de l'archevêché à Cruscades....	2.383	10	11

	liv.	sols	d.		liv.	sols	d.
Charges locales...............	34	»	»				
Portion des charges générales.	317	16	1	}	578	16	1
Décimes...............	227	»	»				
NET...................					1.804	14	10

GRUISSAN ET SAINTE-LUCIE.

L'archevêque y possédait les ruines d'un vieux château que le dénombrement de 1547 qualifiait « château bien fort »; il avait l'entière justice et droits en dépendant et partie de la directe partagée avec le chapitre Saint-Just de Narbonne et le roi qui y avait quelque domaine (2), avec les lods au sixième, censives et tasques, et environ le tiers de la dîme du lieu et terroir de Gruissan. Ces divers

---

(1) Il y avait à Cruscades deux étangs. L'un, appelé l'étang de la Cardaïre, au nord, non loin du château d'Olivery, qui appartenait en 1764 à M. de Lastours, devint propriété communale. Aliéné vers 1830, le terrain cultivé dépend aujourd'hui en majeure partie de la propriété de M. Jules Fabre, d'Ornaisons. L'autre, dont il est ici question, était au nord-ouest, il appartenait à Mme de Niquet, qui le fit déssécher vers 1778. Actuellement la campagne dite de l'Étang appartient à M. le docteur Louis Daude, à Lézignan.

(2) Cf. Inv. arch. comm. Narb., série AA. Notes, p. 398.

droits étaient affermés sous le prix annuel de 2,038 livres; les lods, exceptés du bail, produisaient, année moyenne, 68 livres 1 sol.

La « maison attenant l'église paroissiale » ainsi que le « jardin situé au delà de l'eau » étaient passés à l'usage du curé; les huit moulins à vent avaient disparu, ainsi que les droits d'épave, de chasse, de ban, d'encan, de carnelage, d'huile et de jardinage.

L'île de Sainte-Lucie (île Cauquenne), taillable et paroisse de Gruissan, relevait de l'archevêque en pleine propriété, justice, directe et dîme. La contenance était approximativement fixée à mille séterées (mesure de Gruissan, de 625 cannes), « étant l'isle à tout instant couverte et « découverte dans ses bords par la mer et l'étang ». Il existait dans l'île « une maison, écurie et volalière, une « chapelle servant pour dire la messe les dimanches et « fettes, pour les gens de la ferme et de la bergerie ». Ces biens étaient affermés au prix annuel de 1,600 livres.

	liv.	sols	d.			
Revenus de Gruissan et de Sainte-Lucie.......	3.706	15	»			

	liv.	sols	d.			
Charges locales de Gruissan....	90	14	»			
— — de Sainte-Lucie.	163	6	8			
Honoraires du prêtre..........	250	»	»			
	504	»	8			
Portion des charges générales..	494	4	7	1.351	5	10
Décimes.............	353	»	7			
Net...............	2.355	9	2			

Le domaine de Cauquenne ou Sainte-Lucie fut vendu en 1791 pour 45,000 livres.

PEYRIAC-DE-MER.

Cette localité était « membre de la baronie de Sigean ». L'archevêque y possédait l'entière justice et directe, lods au sixième, censives, tasques et autres droits en dépen-

3

dant. Comme immeubles, l'archevêque n'y avait conservé qu' « un four banal à cuire le pain et un patu, autrefois « magasin à sel » ; le château, à l'intérieur duquel se trouvait une chapelle dotée de bons revenus, était ruiné à la suite de guerres, ainsi qu'un autre four banal. Les droits de l'archevêque sur les étangs de Pudre et du Douilh sont passés en d'autres mains ; le droit de chasse et de pêche n'existe plus. Il n'est plus question de la juridiction seigneuriale sur Sainte-Eugénie et Fraissinel, dépendants du monastère de Fontfroide.

Le 25 mai 1678, une transaction avait été passée entre le cardinal de Bonzy, archevêque de Narbonne, et Paul de Juer, sieur Deldoul et de la Broutte, Jean André Curdechesne, procureur de Pierre Curdechesne au nom de la communauté de Peyriac-de-Mer. Il fut décidé « que « le four dépendant de la mense archiépiscopale demeu- « rerait banier à perpétuité..., les habitants et les tenan- « ciers payeront audit seigneur cardinal la somme de « 7,000 livres, savoir : 1,000 livres pour céder au profit « de la mense..., 6,000 livres pour tenir lieu d'indemnité « du revenu annuel qu'elle auroit pu avoir en prenant « la douzième partie de tous les grains et la quatorzième « des olives... (1). »

Audit terroir se trouvait aussi une mine de plâtre, affermée au prix de 36 livres ; ce bail fut résilié le 1er novembre 1789, avec renoncement au prix de l'année courante, « à raison de l'ingratitude et mauvaise qualité « reconnue de la mine. »

	liv.	sols	d.
Revenu total de l'archevêque, sous bail à ferme.	5.730	14	»

	liv.	sols	d.			
Charges locales................	541	10	»			
Portion des charges générales..	764	2	»	1.851	7	8
Décimes............	545	15	8			
NET....................				3.879	6	4

(1) *Arch. départ. Aude,* G. 24.

Saint-Marcel.

Le *Livre Vert* mentionne « un château flanqué d'une tour ». Cet édifice, du moins dans sa partie principale, existe encore aujourd'hui, couronnant le petit mamelon sur lequel Saint-Marcel est bâti. Il a conservé quelques vestiges de son ancienne splendeur : à part, en effet, l'ampleur seigneuriale de ses appartements, on y remarque deux tours découronnées et une forte voûte crénelée qui abrite un puits vaste et profond.

Cette vieille demeure était, dès avant la Révolution, descendue au rôle modeste de presbytère ; cette affectation fut respectée même aux jours de la Terreur. Il faillit, en 1884, être employé à une école publique.

L'autre « maison située au-dessous du château » était aussi perdue pour l'archevêque. Supprimés aussi les droits de criée, d'encan et d'asenayrie, le bac et ses revenus de cire et de poivre ; car la communauté avait racheté ces diverses redevances.

L'archevêque de Narbonne n'avait conservé à Saint-Marcel que l'entière justice et partie de la directe avec lods au sixième, censives, tasques et autres droits seigneuriaux ; il y percevait en outre le tiers de la dîme. Ces divers droits étaient affermés au prix annuel de 2,552 livres 6 sols 8 deniers ; les lods, année commune, produisaient 193 livres 13 sols 3 deniers.

	liv.	sols	d.
Total des revenus...........................	2.745	19	11

	liv.	sols	d.		liv.	sols	d.
Charges locales..............	67	6	8	⎫			
Portion des charges générales..	366	2	8	⎬	694	19	10
Décimes...........	261	10	6	⎭			

	liv.	sols	d.
Net	2.051	0	1

Salles du Narbonnais (1)

Au xviiie siècle, il n'est plus question, au profit de l'archevêque, d'une « forte et belle tour, entourée d'arbres « et de fossés, ni des grenier et cellier, pas plus que des « huit moulins à vent, sujets à censives (2) » ; tout cela a été aliéné ou ruiné. Mais il prélève sur la communauté une albergue de dix livres, en compensation de diverses inféodations; il perçoit la moitié des revenus du four à cuire le pain, revenant à 78 livres par an, et la moitié de la dîme.

Il continue de posséder l'entière justice et droits en dépendants, la majeure partie de la directe avec lods au sixième, censives et tasques.

	liv.	sols	d.
Revenu total	4.184	4	4

	liv.	sols	d.			
Charges locales	113	»	»			
Portion des charges générales.	557	17	11	1.069	7	9
Décimes	398	9	10			
Net				3.114	16	7

Sigean.

Une des seigneuries les plus importantes de l'archevêque était la baronie de Sigean. Elle comprenait en effet non seulement le territoire actuel de la commune (moins le Lac, uni après 1790) mais encore le territoire de La Nouvelle (érigée en commune en 1844), une partie de l'étang Mage, inféodée aux habitants de Sigean en 1644,

---

(1) Pour le distinguer de Salles du Razès, près de Limoux.
(2) Sur la route de Salles à Fleury, on trouve encore quatre *moulins* datant du dernier siècle ; deux autres ont été démolis par leurs propriétaires modernes.

et une portion du territoire de Mandirac. Mais tout cela est bien réduit au xviiie siècle : le château tombe de vétusté ; la cour de justice et le patus se réduisent à « un cellier sous la maison de ville » ; les autres immeubles ne subsistent plus. La vigne de la Blanquière, le jardin, la prairie près de Trilhas sont à peine désignés, dans le compoix, sous cette forme : « deux petites pièces de terre ».

L'entière propriété des étangs de Pissevaque et de Récobré et d'une saline était représentée par un droit sur « MM. les propriétaires des salins de Narbonne, « Sigean et Peiriac (1) ». Les quatre moulins à vent ont été donnés à censive. Tout avait été à peu près inféodé à la communauté.

L'archevêque avait néanmoins conservé « l'entière justice « et directe, consistant en lods au sixième, censives, « usages et la moitié de la dîme ; enfin deux fours ban- « naux à cuire le pain. »

	liv.	sols	d.
Les droits de l'archevêque à Sigean étaient affermés pour le prix annuel de............	7.041	16	6

	liv.	sols	d.		liv.	sols	d.
Charges locales..............	144	»	»				
Portion des charges générales.	938	17	10		1.753	10	5
Décimes..........	670	12	7				

	liv.	sols	d.
NET......................	5.288	6	1

En 1791, les deux fours à cuire le pain furent vendus pour le prix de 6,150 livres ; le bas de maison dit la Carroussière, pour 500 livres ; le pré à la Dévèse et un champ, pour 310 livres ; le vieux château, pour 1,750 livres.

---

(1) Les chapitres de Saint-Paul et de Saint-Sébastien et l'abbaye de Fontfroide. La part revenant à l'archevêque aux salins de Sigean était de 700 livres.

VENTENAC.

L'archevêque n'y possédait plus que l'entière justice et droits en dépendants, entr'autres un droit de quête de 20 livres et 20 poules sur la communauté; plus la majeure partie de la directe, consistant en lods au sixième, censives et tasques et les cinq douzièmes de la dîme.

	liv.	sols	d.
Le tout était affermé et produisait un revenu annuel de.............................	3.412	13	1

	liv.	sols	d.			
Charges locales................	59	16	6	}		
Portion des charges générales.	435	»	4	}	839 17 10	
Décimes..........	325	1	»	}		

NET.................... 2.572 15 3

Le château, la maison, les dépendances pour enfermer les blés et les autres possessions immobilières ont disparu ou sont devenues le domaine de la communauté ; les droits du xiii° siècle sont supprimés.

VILLEDAIGNE.

Jusqu'en 1790, Villedaigne a formé un consulat particulier, supprimé depuis et annexé au territoire de Raissac-d'Aude (1). La seigneurie de Villedaigne a été longtemps disputée aux archevêques de Narbonne; mais au xve siècle ils y possédaient la pleine justice et l'entière directe, et ils les conservèrent jusqu'à la Révolution avec lods, censives et tasques et le tiers de la dîme. Mais le château et les autres constructions n'existaient plus au xviii° siècle. Les deux tiers des revenus du bac sur Orbieu

---

(1) Villedaigne vient d'être érigé en commune distincte.

étaient négligés, car « depuis plusieurs années il ne rapporte plus rien ».

	liv.	sols	d.
Les revenus de l'archevêque à Villedaigne étaient affermés et produisaient annuellement......	639	12	»

	liv.	sols	d.				
Charges locales..............	145	»	»				
Portion des charges générales.	87	18	10	}	295	15	2
Décimes..........	62	16	4				
NET...................					363	16	10

Droits de l'Archevêque.

Ils étaient de deux sortes : la *pension* et la *dîme*.

Si nous comparions une cure à une propriété, la pension qu'y prélevait l'archevêque serait une partie de l'usufruit. C'était une sorte de cens, d'honnête entretien que l'évêque prenait sur une église, sous le prétexte que, ne pouvant l'administrer par lui-même, il la confiait à un prêtre qu'il déléguait. Dans ce cas, l'archevêque n'était pas le patron ecclésiastique, sauf de rares exceptions, et les paroisses étaient unies à un chapitre, à une abbaye, à une commanderie. La pension était prélevée sur les revenus de la cure, appartenait en entier à l'archevêque et était exempte de charges locales.

L'abus ne tarda pas à s'introduire dans cet usage ; aussi le troisième concile de Latran (1179) défendit-il aux évêques et aux abbés « d'imposer aux églises de nouveaux « cens, d'augmenter les anciens, ou de s'approprier une « partie de leurs revenus.... », et cela sous peine de nullité (1).

La dîme, au contraire, était prélevée par l'archevêque

---

(1) C. 7, *de censibus.*

à titre de patron ecclésiastique, soit parce qu'il avait fondé ou contribué à fonder une église, soit parce qu'il en avait augmenté les revenus. Elle était prélevée sur la communauté, sur tout ou partie des fruits, d'après une cote fixée par les circonstances, selon qu'elle était partagée entre l'archevêque et le curé seulement, ou entre eux deux et le seigneur du lieu simultanément.

Le décimateur était chargé des dépenses locales, fixées d'ailleurs par édits royaux et conformément aux divers conciles, relatives surtout aux murs, voûtes, lambris, couverts, pavés, stalles, vitres et autres du chœur, calices, ornements et autres pour les sacristies.

ARGENS.

La seigneurie appartenait à la famille de Grave.

L'archevêque percevait sur la cure une pension annuelle, portable à Narbonne, de 15 sols en argent, 9 setiers d'orge et autant de blé, sans charges locales,

	liv.	sols	d.
évaluée à	167	5	»

	liv.	sols	d.		liv.	sols	d.
Portion des charges générales.	22	6	»	}	37	14	8
Décimes	15	8	8				
NET					129	10	4

ARMISSAN ET SAINT-PIERRE DEL LEC.

Cette cure était annexée au chapitre de Saint-Étienne et Saint-Sébastien de Narbonne; l'archevêque y percevait, exempte de charges locales, une pension de 10 setiers de blé et 16 setiers d'orge,

	liv.	sols	d.
évaluée à	215	»	»

	liv.	sols	d.		liv.	sols	d.
Portion des charges générales.	28	13	4	}	55	2	10
Décimes	26	9	6				
NET					159	17	2

Le fief de Saint-Pierre del Lec, sur lequel l'archevêque percevait autrefois 16 setiers de blé et 22 setiers d'orge, avait été si négligé qu'on n'en connaissait au xviiie siècle ni la consistance ni la valeur.

Azille.

Cette ville était le chef-lieu de l'archiprêtré du Minervois et relevait du roi ; elle comprenait deux paroisses dans l'intérieur et quatre prieurés à l'extérieur.

Sur la paroisse de Saint-Julien l'archevêque percevait « une portion non fixée par quote simple de la dîme, un « quart sur la paroisse de Saint-André. » Ces revenus étaient affermés au prix annuel de 2,638 livres 12 sols 6 deniers.

Il percevait en outre diverses pensions sur ces deux cures et sur les prieurés de Saint-Cyprien et de Saint-Étienne de Tersan (1), revenant ensemble à 6 setiers trois quarts de blé et autant d'orge, mesure de Narbonne. Le fief de Lastours (Sainte-Madeleine) avait été tellement négligé qu'on en ignorait la consistance et la valeur (2).

	liv.	sols	d.
Total des revenus..........................	2.763	10	»

	liv.	sols	d.			
Charges locales..............	96	12	6			
Portion des charges générales.	368	9	4	728	5	8
Décimes..........	263	3	10			

	liv.	sols	d.
Net......................	2.035	4	4

(1) C'est par erreur que M. Laurent, prenant *Treicanum* pour *Trencianum*, a identifié le premier avec Trausse ; c'est Tersan qu'il fallait dire. Trausse avait d'ailleurs pour patron saint Martin et ne renfermait aucun prieuré dans son étendue territoriale.

(2) L'archevêque Bernard de Farges avait uni ce prieuré au Collège de Narbonne, rue de la Harpe, à Paris.

Le prieuré de Saint-Pierre de Jouarres, dépendant de la cure d'Azille, était uni au collège de Carcassonne. De temps immémorial l'archevêque y percevait une pension annuelle de 4 setiers de blé et autant d'orge, mesure de Narbonne, sans charges locales,

	liv.	sols	d.
revenant au prix annuel de	74	»	»

	liv.	sols	d				
Portion des charges générales.	9	17	4	}	16	18	2
Décimes	7	»	10				
NET					57	1	10

BOUTENAC.

La seigneurie et la dîme appartenaient aux xvᵉ, xvıᵉ et xvııᵉ siècles aux du Lac, plus tard aux de Castillon.

L'archevêque percevait sur la cure une pension de 2 livres en argent, 8 setiers de blé et 16 setiers d'orge, mesure de Narbonne, sans charges locales,

	liv.	sols	d.
le tout évalué à	190	»	»

	liv.	sols	d.				
Portion des charges générales.	25	6	8	}	43	8	5
Décimes	18	1	9				
NET					146	11	7

CAMPLONG.

Le patronage appartenait aux Bénédictins de Lagrasse ; la seigneurie aux Dourbet de Cucugnan. L'archevêque n'y percevait que les trois seizièmes de la dîme, ordinairement affermée avec les portions de dîme de Fabrezan et de Villerouge-la-Panouse,

	liv.	sols	d.
sur le prix estimé pour Camplong seulement à	276	»	»

	liv.	sols	d.				
Charges locales	10	»	»	}	73	1	9
Portion des charges générales.	36	16	»				
Décimes	26	5	9				
NET					202	18	3

CASTELNAU-D'AUDE.

Sur la cure, une pension annuelle, sans charges locales
et portable à Canet, de 30 setiers de blé et autant d'orge (1),

	liv.	sols	d.
revenant à	555	»	»

	liv.	sols	d.		liv.	sols	d.
Portion des charges générales.	74	»	»		126	17	1
Décimes	52	17	1				
NET					428	2	11

CAUMONT.

La seigneurie appartenait aux de Grave-Félines. Cette
rectorie dépendait du taillable de Lézignan ; de temps
immémorial l'archevêque percevait sur la cure de
Caumont une pension annuelle, portable à Narbonne, de
10 setiers de blé et autant d'orge (2), mesure de Narbonne,
sans charges locales,

	liv.	sols	d.
estimés au prix de........................	185	5	»

	liv.	sols	d.		liv.	sols	d.
Portion des charges générales.	24	14	»		42	6	9
Décimes..........	17	12	9				
NET					142	18	3

CAUNES.

L'abbé du monastère des Bénédictins étant curé primitif
et décimateur aussi bien que seigneur justicier, l'archevêque de Narbonne ne percevait aucun droit sur le terroir

(1) Primitivement l'archevêque percevait seulement une pension de
40 sols.
(2) Il avait perdu une pension de 6 sols.

de Caunes proprement dit. Il y avait néanmoins une notairie qui lui payait une redevance annuelle de deux livres de cire; mais la notairie fut supprimée aussi bien que les redevances.

A Castanviel et à Pujol-de-Bosc (du taillable pourtant de Villeneuve-les-Chanoines), l'archevêque percevait une portion de dîme non fixée par cote simple; à Ville-rambert, un quart de la dîme, plus une pension annuelle d'un setier et demi de blé et autant d'orge (1), mesure de Narbonne.

	liv.	sols	d.
Le tout affermé produisait un revenu annuel de	1.044	15	»

	liv.	sols	d.				
Charges locales..............	486	2	3	}			
Portion des charges générales.	139	6	»	}	724	18	1
Décimes.............	99	9	10	}			
Net.......................					319	16	11

CÉRAME.

La seigneurie appartenait d'abord aux de Niquet, puis aux d'Exéa. L'archevêque prélevait sur les revenus de la cure une pension annuelle, portable à Narbonne, de 13 sols en argent, 13 setiers de blé et autant d'orge, mesure de Narbonne.

	liv.	sols	d.
Le tout, sans charges locales, était estimé à....	241	3	»

	liv.	sols	d.				
Portion des charges générales.	32	3	»	}			
Décimes..........	22	19	2	}	55	2	2
Net.....................					186	»	10

(1) Primitivement deux setiers d'orge et autant de blé; les dîmes de Castanviel et de Pujol-de-Bosc n'existaient pas au xive siècle.

Coustouge.

C'était un membre de la commanderie d'Homps. La tasque avait été supprimée ; un quart de la dîme seulement appartenait à l'archevêque.

	liv.	sols	d.
Elle produisait un revenu annuel de..........	410	»	»

	liv.	sols	d.		liv.	sols	d.
Charges locales...............	28	»	»	}			
Portion des charges générales.	54	13	4	}	121	14	3
Décimes............	39	»	11	)			

	liv.	sols	d.
Net......................	288	5	9

Escales.

La famille de Montredon était seigneur du lieu. L'archevêque jouissait sur les revenus de la cure d'une pension annuelle, portable à Canet, de 36 setiers de blé et autant d'orge (1), mesure de Narbonne. Exempte de charges locales,

	liv.	sols	d.
elle était estimée à........................	666	10	»

	liv.	sols	d.		liv.	sols	d.
Portion des charges générales.	88	17	4	}	152	6	9
Décimes............	63	9	5	}			

	liv.	sols	d.
Net......................	514	3	3

Fabrezan et Villerouge-la-Panouse.

Cette paroisse était unie à la mense du chapitre Saint-Just de Narbonne ; la seigneurie appartenait aux de Fournas-Labrosse. L'archevêque ne prélevait rien sur

---

(1) Primitivement 15 sols d'argent.

ces deux terroirs au xiv⁰ siècle ; dans les siècles suivants il prélevait une portion de dîme (1) non fixée par cote simple à Fabrezan ; au tiers, pour Villerouge. Plus tard le recteur de Villerouge ayant opté pour la portion congrue, les deux tiers de la dîme qui lui appartenaient revinrent à l'archevêque.

	liv.	sols	d.
Ces droits s'élevaient à la somme totale de.....	3.151	1	3

	liv.	sols	d.			
Charges locales.............	1.245	»	3	}		
Portion des charges générales	420	2	10	} 1.965	4	11
Décimes........ ..	300	1	10	}		

NET......................	1.185	16	4

FERRALS.

Ici la seigneurie appartenait aux Bénédictins de Lagrasse ; mais l'archevêque était le patron ecclésiastique. Il y percevait, après le xiv⁰ siècle, le quart de la dîme,

	liv.	sols	d.
estimé, sous bail à ferme, à	1.179	10	»

	liv.	sols	d.			
Charges locales.............	51	10	»	}		
Portion des charges générales.	158	12	»	} 323	7	6
Décimes..........	113	5	6	}		

NET....................	856	2	6

FLEURY.

L'archevêque y possédait primitivement un fief noble ; mais il avait été tellement négligé qu'au xviii⁰ siècle on en ignorait entièrement la valeur. De temps immémorial

---

(1) La dîme comprenait ici et à Camplong le blé, l'avoine, l'huile et le vin.

l'archevêque jouissait du *tiers de la dîme* sur le terroir de Fleury.

	liv.	sols	d.
Elle produisait, année moyenne, un revenu de	2.325	11	5

	liv.	sols	d.				
Charges locales	66	»	»	⎫			
Portion des charges générales.	310	1	6	⎬	597	11	12
Décimes	221	10	6	⎭			
NET					1.727	19	5

GASPARETS.

La seigneurie et la dîme par conséquent appartenaient, au xv⁰ siècle, au chevalier Durand Fabre (*Arch. Comm. Narb.*, AA. III fol. 93.) puis aux de Chambert. Jusqu'à la Révolution et de temps immémorial, l'archevêque perçut une pension annuelle, portable à Narbonne, d'une livre 5 sols en argent, 13 setiers de blé et 27 setiers d'orge, mesure de Narbonne.

	liv.	sols	d.
Exempte de charges locales, cette pension était évaluée à	311	15	»

	liv.	sols	d.				
Portion des charges générales..	41	11	4	⎫			
Décimes	29	13	6	⎬	71	4	10
NET					240	10	2

GINESTAS.

Le roi était seigneur du lieu en toute justice. L'archevêque n'y percevait rien au xiv⁰ siècle; plus tard, il y perçut jusqu'à la Révolution une portion de dîme non fixée par cote simple; sur la cure, une pension annuelle de 8 setiers de blé et autant d'orge.

	liv.	sols	d.
Le tout était affermé au prix annuel de	1.598	»	»

	liv.	sols	d.				
Charges locales	78	»	»	⎫			
Portion de charges générales.	213	1	4	⎬	443	5	1
Décimes	152	3	9	⎭			
NET					1.154	14	11

Homps.

La seigneurie était partagée entre le commandeur, les de Varaigne, d'Homps et de Gros. Cette localité ne figure pas au *Livre Vert* de Pierre de la Jugie ; mais dans ces derniers temps, l'archevêque y percevait le quart de la dîme,

	liv.	sols	d.
affermée au prix annuel de..................	448	»	»

	liv.	sols	d.		liv.	sols	d.
Charges locales..............	12	»	»	}			
Portion des charges générales..	59	14	8	}	114	8	4
Décimes...............	42	13	8	}			

	liv.	sols	d.
Net..................	332	15	4

La Palme.

L'abbé de Lagrasse était le patron ecclésiastique de ce lieu, dont la seigneurie appartenait à M. de Calvo. Dans ces derniers temps, l'archevêque prélevait sur la cure une pension annuelle, portable à Sigean, de 2 livres 10 sols en argent, 11 setiers de blé et 22 setiers d'orge (1), mesure de Narbonne.

	liv.	sols	d.
Cette pension, exempte de charges locales, était affermée au prix de....................	261	»	»

	liv.	sols	d.		liv.	sols	d.
Portion des charges générales.	34	16	»	}			
Décimes	24	17	»	}	59	13	»

	liv.	sols	d.
Net ....,	201	7	»

La Redorte.

La seigneurie et les droits qui en découlaient appartinrent ici au roi, aux de Nigri, de Clermont, de Peyrat.

---

(1) Primitivement 50 sous tournois, 10 setiers de blé et 20 setiers d'orge.

Les droits de l'archevêque, primitivement fixés à 4 setiers de blé, autant d'orge et une pension de 42 setiers de blé et d'orge, à prélever sur la cure, furent réduits, dans les derniers siècles, à 34 setiers et demi de blé et autant d'orge. Sur MM. les hebdomadiers de Saint-Just, à raison du prieuré de Taixous, l'archevêque prélevait une rente de 17 setiers un quart de blé et autant d'orge (1), mesure de Narbonne. Ces divers droits, exempts de charges locales, étaient, depuis 1785, affermés

	liv.	sols	d.
au prix annuel de	931	17	6

	liv.	sols	d.		liv.	sols	d.
Portion des charges générales.	124	5	»	}	212	19	10
Décimes....................	88	14	10				

	liv.	sols	d.
NET	718	17	8

LAURE.

L'abbé de Caunes était le patron ; M. de Moustier-Mérinville, le seigneur de Laure. Cette localité, qui dépendait de l'archiprêtré du Minervois, comprenait la vicairie perpétuelle de Laure et six prieurés ruraux : Saint-Sernin, Saint-Martin de Gibaleaux, Figuières, Saint-Jacques d'Albas, Saint-Jean de Palas et Saint-Genest de Fabas. La cure de Saint-Jean-Baptiste était un prieuré conventuel uni au monastère de Caunes; aussi la majeure partie des revenus appartenait à l'abbé de Caunes, qui était collateur de la cure, et à l'évêque de Carcassonne, « prenant droict et dîme à Lauran » (2) ; l'archevêque de Narbonne n'y prélevait qu'une portion de dîme non fixée par cote simple.

Sur le prieuré de Gibaleaux et sur celui de Palas, uni

---

(1) Autrefois deux setiers d'orge et autant de blé, et une pension de 21 setiers de blé et autant d'orge.

(2) Arch. dép. Aude, Registre des arrêts, 23 novembre 1587.

4

au chapitre Saint-Étienne-Saint-Sébastien de Narbonne, il prélevait une pension de 3 setiers de blé et autant d'orge (estimée 55 livres 10 sols).

Sur le terroir de Buadelle, ancienne paroisse du taillable de Laure, mais unie à l'abbaye de Lagrasse, un tiers de la dîme.

Ces divers droits, qui subirent plus d'une modification (1), étaient affermés dans leur ensemble,

	liv.	sols	d.
pour le prix annuel de......................	828	16	»

	liv.	sols	d.				
Charges locales............ ...	36	»	»	}			
Portion des charges générales.	110	9	4	}	215	7	6
Décimes...........	78	18	2	}			
Net......................					613	2	6

LEUCATE.

La seigneurie appartenait au roi depuis 1312, mais avec des intermittences, car noble Marc-Antoine Hubert en 1696, Calvo jusqu'en 1723, et de Tord jusqu'en 1775, la possédèrent, mais à titre précaire, au point qu'elle retourna plusieurs fois au domaine.

L'archevêque, après y avoir perdu ou négligé un droit du quart donnant 3 setiers d'orge, percevait sur le terroir de Leucate la moitié de la dîme,

	liv.	sols	d.
affermée pour le prix annuel de..............	1.625	»	»

	liv.	sols	d.				
Charges locales.............	59	»	»	}			
Portion des charges générales.	216	13	4	}	430	8	6
Décimes...........	154	15	2	}			
Net.....................					1.194	11	6

(1) Primitivement, à Buadelle, 2 setiers d'orge et autant de blé ; à Figuières, 1 setier d'orge et autant de blé ; à Palas et à Gibaleaux, 2 setiers d'orge et autant de blé.

Luc.

L'archevêque n'y percevait rien au xiiie siècle; mais dans les siècles suivants il prélevait sur la cure une pension annuelle, portable à Narbonne, de 2 livres en argent, 21 setiers de blé et 13 setiers d'orge, mesure de Narbonne.

	liv.	sols	d.
Cette pension, exempte de charges locales (1), était affermée au prix annuel de..........	500	10	»

	liv.	sols	d.		liv.	sols	d.
Portion des charges générales.	66	14	8	}	114	8	»
Décimes..........	47	13	4				

	liv.	sols	d.
Net....................	486	2	»

Marmorières.

Monsieur de Lacroix était seigneur de Marmorières. Cette vicairie perpétuelle était unie au chapitre Saint-Étienne-Saint-Sébastien de Narbonne. Sur les revenus de la cure l'archevêque de Narbonne recevait une pension de 6 setiers de blé et autant d'orge,

	liv.	sols	d.
estimée, sans charges locales, à la somme de..	111	»	»

	liv.	sols	d.		liv.	sols	d.
Portion des charges générales.	14	16	»	}	25	7	4
Décimes...	10	11	4				

	liv.	sols	d.
Net....................	85	12	8

(1) M. de Luc, en qualité de seigneur, était chargé de ces dépenses.

MIREPEISSET.

Les revenus de l'archevêque, sur ce terroir, sont de date récente. Il y percevait, en qualité de patron, une portion de dîme non fixée par cote simple.

	liv.	sols	d.
Elle était affermée pour le prix annuel de	887	»	»

	liv.	sols	d.		liv.	sols	d.
Charges locales...............	18	»	»				
Portion des charges générales.	118	5	4		220	14	11
Décimes...........	84	9	7				
NET......................					666	5	1

MONTRABECH.

Cette rectorie, sous le vocable de Sainte-Eugénie, est aujourd'hui supprimée; son territoire est annexé à la commune de Lézignan. De temps immémorial, l'archevêque percevait sur la cure de Montrabech une pension annuelle, portable à Narbonne, de 15 sols en argent, 9 setiers de blé et autant d'orge, mesure de Narbonne.

	liv.	sols	d.
Cette pension (1), exempte de charges locales, était estimée, sous bail à ferme, à la somme de	167	5	»

	liv.	sols	d.		liv.	sols	d.
Portion des charges générales.	22	6	»				
Décimes	15	18	8		38	4	8
NET					129	»	4

(1) La dîme appartenait, aux XVe et XVIe siècles, à la famille de Montredon, seigneur de Montrabech. (*Arch. comm. de Narb.* AA. 103, fol. 139).

Montredon.

Primitivement l'archevêque ne percevait rien sur cette localité, qui ne figure pas au *Livre Vert* de Pierre de la Jugie. En ces derniers temps, il y prenait le quart de la dîme (1),

	liv.	sols	d.
qui était affermée pour le prix annuel de......	852	»	»

	liv.	sols	d.		liv.	sols	d.
Charges locales......... ...	53	»	»	}			
Portion des charges générales.	113	12	»	} 247	14	10	
Décimes..........	81	2	10	}			

Net.....................	604	5	2

Moux.

Ce lieu ne figure pas davantage sur l'inventaire du xive siècle; l'archevêque y percevait néanmoins au xviiie siècle le tiers de la dîme,

	liv.	sols	d.
affermée pour le prix annuel de	703	13	4

	liv.	sols	d.		liv.	sols	d.
Charges locales.............	34	13	4	}			
Portion des charges générales.	93	16	4	} 196	0	1	
Décimes..........	67	10	5	}			

Net.....................	507	13	3

Ornaisons.

Sur la cure l'archevêque prélevait une pension annuelle,

---

(1) L'autre partie appartenait au chapitre Saint-Paul, auquel la paroisse était unie, et à M. de Montredon qui en était le seigneur.

portable à Narbonne, de 20 sols en argent, 18 setiers de blé et 38 setiers d'orge (1).

	liv.	sols	d.
Exempte de charges locales, cette pension était estimée à...............................	434	»	»

	liv.	sols	d.			
Portion des charges générales.	57	17	2	}	99	3 9
Décimes...........	41	6	7			
Net.....................					334	16 3

OUVEILLAN.

La seigneurie d'Ouveillan appartint d'abord au roi; elle passa ensuite aux de Conti et à plusieurs autres enga-gistes, de Gléon, d'Olive, de Nigri. L'archevêque avait perdu sur l'église d'Ouveillan une pension annuelle de 18 setiers une quartière de blé, 28 setiers une quartière de froment et 28 sous d'argent.

A Saint-Paul-de-Preissan (chapelle de la commanderie de Preisse), autrefois rectorie du taillable d'Ouveillan, l'archevêque percevait primitivement deux tiers de la dîme, le commandeur prenant l'autre tiers. En ces der-niers temps, l'archevêque percevait seulement une pension annuelle de 14 setiers de blé et autant d'orge, mesure de Narbonne.

	liv.	sols	d.
Exempte de charges locales, cette pension était évaluée à...............................	259	»	»

	liv.	sols	d.			
Portion des charges locales...	34	10	8	}	59	3 11
Décimes...........	24	13	3			
Net.....................					199	16 1

(1) La seigneurie d'Ornaisons, aux xve et xvie siècles, appartenait à Guillaume de Neveys. (*Arch. comm. Narb.*, AA. 103, fo 72).

Paraza et Villa-des-Ports.

L'archevêque percevait sur la cure de Paraza une pension de 15 sols (autrefois 25), 32 setiers de blé et autant d'orge, évaluée à 592 livres 15 sols.

A Villa-des-Ports, il percevait du chapitre Saint-Paul de Narbonne, qui possédait ce prieuré, une pension de 15 sols en argent, 24 setiers de blé et autant d'orge, estimée à 444 livres 15 sols, sans charges locales.

	liv.	sols	d.
Au total....................................	1.037	10	»

	liv.	sols	d.				
Charges locales..............	»	»	»				
Portion des charges générales..	138	4	8		236	19	»
Décimes............	98	14	4				
Net....................					800	11	»

Pépieux.

La rectorie de Pépieux était unie au chapitre Saint-Just de Narbonne, qui était aussi seigneur du lieu. L'archevêque en percevait une pension de 3 setiers de blé et autant d'orge, en mémoire sans doute de la pension de 10 livres que Pierre de Montbrun s'était réservée, lorsqu'en 1274 il fit donation de l'église à son chapitre métropolitain (1).

	liv.	sols	d.
Cette pension, exempte de charges locales, était estimée à....................................	55	10	»

	liv.	sols	d.				
Portion des charges générales..	7	8	»		12	13	8
Décimes..............	5	5	8				
Net....................					42	16	4

---

(1) Doat, v. 456, fᵒ 204. Primitivement la pension était de 4 setiers de blé et autant d'orge.

PEYRIAC-MINERVOIS. .

Cette rectorie, qui n'est pas portée au *Livre Vert*, appartenait à la commanderie de Douzens. L'archevêque (1) y percevait les deux tiers de la dîme, l'autre tiers appartenant au curé.

	liv.	sols	d.
Ce revenu s'élevait, pour l'archevêque de Narbonne, à la somme annuelle de............	3.777	»	»

	liv.	sols	d.		liv.	sols	d.
Charges locales..............	104	»	»	⎫			
Portion des charges générales.	503	12	»	⎬	966	6	»
Décimes..........	358	14	»	⎭			

	liv.	sols	d.
NET.....................	2.810	14	»

PORTEL.

Les de Cathelan d'abord, puis les de Cascastel, furent seigneurs de Portel. L'archevêque prélevait sur la cure une pension annuelle, portable à Sigean, de 3 livres en argent, 23 setiers de blé et 46 setiers d'orge.

	liv.	sols	d.
Le tout était affermé pour le prix annuel de....	543	10	»

	liv.	sols	d.		liv.	sols	d.
Charges locales..............	»	»	»	⎫			
Portion des charges générales.	72	9	4	⎬	124	4	6
Décimes..........	51	15	2	⎭			

	liv.	sols	d.
NET................	419	5	6

(1) C'est à tort que Mahul (*Cart.* t. IV, p. 277) dit que les chanoines de Narbonne jouissaient du décimaire de Peyriac.

RAISSAC ET SAINT-MARTIN-ENTRE-DEUX-EAUX.

Ces deux localités ne sont pas portées au *Livre Vert*; en ces derniers temps, l'archevêque percevait à Raissac un tiers de la dîme (1) estimée à 636 livres 6 sols 4 deniers; à Saint-Martin, un quart de la dîme, évaluée à 299 livres 11 sols 8 deniers.

	liv.	sols	d.
Revenu total..............................	936	»	»

	liv.	sols	d.			
Charges locales	18	»	»	}		
Portion de charges générales.	124	16	»	} 231	11	3
Décimes.............	88	15	3	}		
NET...............				704	8	9

ROQUECOURBE.

Fixée au XIV⁰ siècle à 20 sols, la pension perçue sur la cure par l'archevêque fut élevée à 7 setiers de blé et autant d'orge, mesure de Narbonne.

	liv.	sols	d.
Cette pension, exempte de charges locales et portable à Canet, était évaluée à............	129	10	»

	liv.	sols	d.			
Portion des charges générales.	17	5	4	} 29	11	10
Décimes..........	12	6	6	}		
NET				99	18ˢ	2

ROQUEFORT.

Cette rectorie était le chef-lieu de l'archiprêtré de la Basse-Corbière. L'archevêque percevait sur la cure une pension annuelle de 3 livres en argent, 19 setiers 11 puniè-

---

(1) L'autre partie appartenait à l'abbé de Saint-Paul, seigneur en toute justice de ce lieu.

res de blé et 39 setiers 7 punières d'orge, mesure de Narbonne (1). Cette pension, portable à Sigean et exempte des charges locales,

	liv.	sols	d.
était affermée pour le prix annuel de..........	465	19	4

	liv.	sols	d				
Portion des charges générales.	62	2	8	
Décimes...........	44	7	9	106 10 5

	liv.	sols	d.
NET.....................	359	8	11

ROUBIA.

L'abbé de Lagrasse était patron et seigneur du lieu. L'archevêque percevait sur la cure une pension de 8 sols en argent, 16 setiers de blé et autant d'orge, mesure de Narbonne, exempte de charges locales,

	liv.	sols	d.
évaluée à................................	296	8	»

	liv.	sols	d.	
Portion des charges générales.	39	10	5	
Décimes...........	28	4	8	67 15 1

	liv.	sols	d.
NET.....................	228	12	11

SAINTE-VALIÈRE.

Tandis que M. de Bonnail était seigneur, l'archevêque prélevait sur la cure une pension de 32 sols en argent, 32 setiers de blé et autant d'orge, exempte de charges locales,

	liv.	sols	d.
évaluée à.....	593	12	»

	liv.	sols	d.	
Portion des charges générales.	79	2	11	
Décimes...........	56	10	4	135 13 3

	liv.	sols	d.
NET.....................	457	18	9

(1) Nous avons ici une preuve des variations qu'ont subies ces mesures. Cette pension de 19 setiers 11 punières de blé valait, au XIVe siècle, 18 setiers 1 émine 2 punières; les 39 setiers 7 punières d'orge valaient, à la même époque, 37 setiers 1 quartière 1 punière et demie.

SAINT-MARTIN-DE-TOQUES.

Le marquis d'Aguilar d'abord, puis M. de Mage, était seigneur du lieu. L'archevêque prélevait sur la cure une pension annuelle, portable à Narbonne, de 30 sols en argent, 7 setiers de blé et 14 setiers d'orge, mesure de Narbonne, exempte de charges locales,

	liv.	sols	d.
évaluée à............................	166	»	»

	liv.	sols	d.			
Portion des charges générales.	22	2	8	37	19	»
Décimes...........	15	16	4			

	liv.	sols	d.
NET .....%.................	128	1	»

SAINT-NAZAIRE.

L'abbé de Fontfroide était seigneur du lieu, dont le commandeur était patron. Sur ce terroir, l'archevêque percevait un tiers de la dîme,

	liv.	sols	d.
affermé au prix annuel de..................	1.028	10	»

	liv.	sols	d.			
Charges locales............ ..	48	»	»	283	1	8
Portion des charges générales..	137	2	8			
Décimes...........	97	19	»			

	liv.	sols	d.
NET	745	8	4

TRAUSSE.

L'archevêque percevait une portion non fixée par cote simple de la dîme de ce terroir (la majeure partie appartenant au camérier de l'abbaye de Caunes, qui était le curé primitif de Trausse, et à M. de Vernon) ainsi qu'une pension annuelle de trois setiers (autrefois quatre) de blé

et autant d'orge, mesure de Narbonne, sur la portion
restante de la dîme.

	liv.	sols	d.
Ces revenus étaient affermés pour le prix annuel de..	2.142	10	»

	liv.	sols	d.		liv.	sols	d.
Charges locales.................	42	8	»				
Portion des charges générales.	285	13	4	}	532	2	1
Décimes............	204	»	9				
NET......................					1.610	7	11

VILLENEUVE-LES-CHANOINES.

Cette rectorie était de la mense du chapitre cathédral
de Carcassonne, aussi l'archevêque de Narbonne ne prélevait-il rien sur cette paroisse ; mais il prélevait la majeure
partie de la dîme (1) sur le terroir de Pujol-de-Bosc, dont
l'église (bâtie seulement en 1649) dépendait de la paroisse
de Castanviel, du taillable toutefois de Villeneuve (Saint-
Alexandre - de - Combaleide , Castanviel et Villerambert
étaient du taillable de Caunes).

	liv.	sols	d.
La part de dîme de Pujol-de-Bosc revenant à l'archevêque était estimée.................	600	»	»

	liv.	sols	d.		liv.	sols	d.
Charges locales..............	473	17	9				
Portion des charges générales.	80	»	»	}	611	»	7
Décimes..........	57	2	10				

---

(1) Primitivement deux setiers de blé et autant d'orge.

III

SÉNÉCHAUSSÉE DE BÉZIERS.

Béziers était le chef-lieu du diocèse de ce nom et aussi la capitale d'une viguerie dont celle de Narbonne fut détachée en 1368 (1).

Plus tard (1528), les États de Languedoc étant assemblés à Montpellier, François Ier avait érigé un siège de séné-chal à Béziers, créant ainsi une nouvelle circonscription, démembrée de la sénéchaussée de Carcassonne (2). Le présidial ne fut créé qu'en 1552.

L'archevêque possédait des domaines et prélevait des droits dans quelques localités de la sénéchaussée de Béziers, que nous allons mentionner.

Domaines de l'archevêque.

Bize.

L'archevêque y possédait les trois quarts de l'entière justice, l'autre partie appartenant à M. de Montredon,

---

(1) *Arch. comm. Narb.* AA. 111, fol. 31, et AA. 108, f°s 37 et 39.

(2) Plusieurs fois les habitants de cette dernière ville demandèrent aux États leur intervention pour solliciter la suppression de la sénéchaussée de Béziers ; les députés de Béziers au contraire demandèrent son maintien. En 1547, en 1555, les habitants de Carcassonne n'étaient pas encore remis de leurs émotions et sollicitaient, mais en vain, la suppression du siège de Béziers (*Hist. Lang.*, t. XI, pp. 226, 286, 302).

et une albergue de 800 livres sur la communauté pour inféodation ancienne des trois quarts de la directe. Il n'y percevait que le tiers de la dîme.

	liv.	sols	d.
Revenu total annuel...........................	2.168	»	»

	liv.	sols	d.			
Charges locales...................	91	6	8	⎫		
Portion des charges générales..	249	1	4	⎬ 546	17	6
Décimes............	206	9	6	⎭		

NET.....................	1.621	2	6

CAPESTANG.

Primitivement les droits seigneuriaux de l'archevêque étaient aussi étendus que possible; ils furent bien réduits au xviiie siècle.

Comme immeubles, l'archevêque n'y possédait plus « qu'un vieux château, la chapelle rurale de Saint-Julien-« de Lapezan, avec un feratial contigu ». La chapelle à l'intérieur du château, ainsi que les chapelles champêtres de Saint-Julien-de-Courtolive et de Saint-Saturnin-de-Baissan, estimées pourtant au xive siècle à 60 livres tournois, ne sont plus mentionnées. Le grand cellier avec pressoir et patu contigu, les cinq boutiques avec étage supérieur, sur la place de ville, la boutique sur la place du château, l'étable et les greniers supérieurs, le palier et le grenier à foin, la condamine du Clos de Bosc, la condamine de Pontserme, tout cela a été aliéné.

Tout ce qui restait des domaines archiépiscopaux (sauf la condamine de Pontserme qui fit partie des possessions du comte de Toulouse, ainsi que Ricardelle, la Française, Céleyran) fut acheté par M. Lartigue, médecin, chef du district de Béziers. Les magasins appartiennent à quelques habitants; le château et quelques dépendances apparte-naient naguère à M. Louis Calvet, arrière-petit-fils de l'acquéreur et seul héritier de cette famille ; ils viennent d'être mis en vente au prix de 120,000 francs (1).

Malgré les profondes modifications qu'avaient subies les domaines de l'archevêque à Capestang, il continua d'y jouir jusqu'à la Révolution de l'entière justice et droits en dépendant et de l'entière directe consistant en lods au sixième, censives, tasques, courtage de l'huile ; il avait gardé aussi le droit de chasse et de pèche dans les terres et l'étang de Capestang, le droit de dîme, une pension de 4 setiers de blé sur le chapitre de Capestang, une albergue de 3 livres sur la veuve Azam pour inféodation d'un jardin.

	liv.	sols	d.
Ces divers droits étaient évalués à............	7.846	13	3

	liv.	sols	d.				
Charges locales.............	490	»	»				
Portion des charges générales	1.046	4	5	}	2.283	10	5
Décimes........ ..	747	6	0				

Net	5.563	2	10

MONTEILS.

Au XVIIIᵉ siècle, tout avait disparu : le château (2) et les garennes, les grandes et belles constructions au-dessous du château, le magnifique verger, le moulin, les étables et divers greniers, la prairie, huit condamines, deux vignes (3). Il n'est plus question aussi de la chapelle de Saint-Jean-de-Séricate, annexe de Monteils.

---

(1) De cet ancien château il y a encore de beaux restes : on admire en particulier une belle salle, que l'on appelle la salle des États.

(2) Il a été, par héritage, partagé en deux ; une partie, complètement démolie et remplacée par une maison moderne, appartient à Madame veuve de Crozals ; l'autre partie est encore conservée et appartient à M. Arnaud. On y distingue deux belles tours ; les murs s'élèvent à peine à quatre ou cinq mètres.

(3) Cette aliénation fut motivée surtout par le morcellement de la propriété, lors de la construction du chemin de Saint-Chinian.

L'archevêque n'y avait conservé que des droits seigneuriaux, l'entière justice avec lods au sixième, censives et
tasques. Il lui restait encore 17 pièces de terre de mauvaise qualité, comprenant environ 135 séterées, affermées
au prix annuel de 300 livres. Il percevait enfin la moitié
de la dîme.

	liv.	sols	d.
Les revenus étaient évalués à................	2.988	14	4

	liv.	sols	d.			
Charges locales	33	»	»	}		
Portion des charges générales	398	9	10	}	716	2	6
Décimes	284	12	8	}			

	liv.	sols	d.
NET....................	2.272	11	10

NISSAN.

Même situation à Nissan; plus de château, de prairie,
ni de condamines ; à peine un champ al Pountil d'une
séterée environ. L'archevêque avait conservé néanmoins
« l'entière justice et droits en dépendant sur la terre de
Nissan, celle de Peiriès (1) en dépendant », le four banal
à cuire le pain, une albergue de 40 livres sur la communauté, une albergue de 100 livres sur la terre du Claux,
plus la directe du lieu avec lods au sixième, censives,
tasques et dîme.

	liv.	sols	d.
Revenu total..............................	10.580	14	8

	liv.	sols	d.			
Charges locales	147	»	»	}		
Portion des charges générales	1.410	15	3	}	2.565	8	6
Décimes.........	1.007	13	3	}			

	liv.	sols	d.
NET....................	8.015	6	2

(1) *Aliàs* Périex, à 4 kil. O., ancienne commanderie.

POILHES.

L'archevêque avait conservé ici le « droit de foi et
« hommage avec droit de lods à raison de la justice dudit
« lieu, démembré de l'archevéché en 1576 »; plus le « droit
« de bailler à nouvel achapt les terres vacantes dudit
« terroir et, en outre, la directe d'icelui, avec lods au
« sixième, censives, tasques, et une albergue de 30 livres
« sur la communauté. »

Il percevait encore une rente de 4 livres 16 sols 6 deniers
sur le Clergé de Narbonne, pour indemnité de dîmes des
terres prises pour le canal royal, enfin l'entière dîme
dudit lieu.

	liv.	sols	d.		liv.	sols	d.
Revenu total,					1.694	9	6
Charges locales	832	19	»				
Portion des charges générales	225	18	7	}	1.220	5	»
Décimes	161	7	5				
NET					474	4	6

Château, étables, greniers ont disparu ; il n'avait conservé que quelques pièces de terre soumises à la taille.
Avant la Révolution, la seigneurie de Poilhes était passée
aux de Fouillans.

Droits de l'Archevêque.

CAZOULS-LES-BÉZIERS ET SAVIGNAC.

La première de ces deux paroisses appartenait au
diocèse de Béziers ; la deuxième, sous le vocable de Saint-
Vincent, appartenait au diocèse de Narbonne, mais elles

ne formaient qu'un seul taillable. L'archevêque de Narbonne y percevait le sixième de la dîme (1),

	liv.	sols	d.
évalué, sous bail à ferme, à la somme annuelle de......................................	2.101	»	»

	liv.	sols	d.			
Charges locales...........	219	»	»	}		
Portion des charges générales	280	2	8	}	699 4 6	
Décimes........	200	1	10	)		
Net.....................					1.401	15	6

MAILHAC.

L'archevêque ne percevait ici que les trois sixièmes de la dîme, le reste étant au profit du chapitre Saint-Just, patron du lieu, et de l'abbé de Fontfroide, qui en était le seigneur.

	liv.	sols	d.
Ces droits de l'archevêque étaient affermés sous prix annuel de.........................	629	2	6

	liv.	sols	d.		
Charges locales...........	29	2	6	}	
Portion des charges générales	83	17	8	}	172 18 4
Décimes........	59	18	2	)	
Net.....................				456	4	2

PUISSERGUIER.

L'archevêque percevait une portion non fixée par cote

_____

(1) Anciennement l'archevêque ne percevait que les deux tiers de la dîme à Saint-Hippolyte-de-Mairan (le prieur prenant l'autre tiers) et une très petite partie de la dîme à Savignac, où se trouvaient plusieurs décimateurs.

simple de la dîme de ce terroir, l'autre partie appartenant au curé du lieu et à M. de Puisserguier (1),

	liv.	sols	d.
affermée sous le prix annuel de..............	4.361	»	»

	liv	sols	d.				
Charges locales...........	134	»	»	⎫			
Portion des charges genérales	581	9	4	⎬	1.130	15	10
Décimes........	415	6	6	⎭			

NET....................	3.230	4	2

QUARANTE ET SALIÈS.

Ces deux paroisses, distinctes sous le rapport spirituel, ne formaient qu'un seul taillable. Là se trouvait une abbaye d'Augustins, fondée avant 977, et unie, au xviie siècle, à la congrégation de Sainte-Geneviève. A Saliès (aliàs Saillez), situé à 3 kilomètres ouest de Quarante), se trouvait une église sous le vocable de Saint-Barthélemy ; elle est encore debout et sert de chapelle funéraire. Dans ces deux paroisses, la seigneurie appartenait à l'abbé de Notre-Dame de Quarante; aussi l'archevêque n'y percevait-il qu'une pension de 16 setiers de blé et autant d'orge sur le monastère, et autant sur la cure de Saliès.

	liv.	sols	d.
Ces deux pensions, exemptes de charges locales, étaient affermées pour le prix annuel de....	333	»	»

	liv.	sols	d.				
Portion des charges génerales	44	8	»	⎫			
Décimes........	31	14	2	⎬	76	2	2

NET....................	256	17	10

---

(1) Anciennement l'archevêque prélevait les huit quinzièmes de la dîme, le prieur prenant les sept quinzièmes; à Sainte-Agathe-de-Meillan, qui appartenait d'abord à l'ordre de Malte, puis au chapitre Saint-Paul de Narbonne, l'archevêque prenait deux parts et le prieur une part de la dîme.

I V

SÉNÉCHAUSSÉE DE LIMOUX

Limoux était la capitale du pays et de la viguerie du Razès. En 1558, Henri II créa le siège présidial de Limoux, en détachant cette viguerie du présidial de Carcassonne. Cet établissement fut de courte durée ; et en 1640 les États de la province, réunis à Pézenas, s'opposaient encore à l'établissement de ce siège. Nonobstant cette opposition il fut rétabli et, en 1642, Louis XIII compléta l'œuvre en faisant de Limoux le chef-lieu d'une nouvelle sénéchaussée avec présidial. Le ressort du nouveau siège embrassait les diocèses d'Alet et de Mirepoix tout entiers, presque tout celui de Narbonne et une bonne partie de celui de Carcassonne.

Au point de vue spirituel, le Razès formait un archiprêtré dont le chef-lieu était Ajac. Le pape Jean XXII avait pensé, en 1317, à établir le siège d'un évêché à Limoux, mais il avait oublié de compter avec les religieuses de Prouille et aussi avec l'archevêque de Narbonne dont il aurait diminué les revenus. Les limites du nouveau diocèse étaient déjà publiées (1) ; il dut, quelques mois plus tard, rapporter cette mesure et fixer l'évêché à Alet.

Sous le rapport administratif, Alet et Limoux ne formaient d'abord qu'un seul diocèse civil ; mais, sur consentement des États de Languedoc, Limoux devint capitale

---

(1) Ms. lat. 4114, fol. 27.

d'un diocèse civil, où se réunissaient les députés pour le département de l'assiette.

Ici encore l'archevêque de Narbonne jouissait de nombreux et vastes domaines et prélevait des droits que nous allons successivement mentionner.

Domaines de l'archevêque.

LIMOUX ET SALLES.

L'archevêque posséda jusqu'en ces derniers temps la maison dite de l'Officialité où se tenait la cour spirituelle pour Limoux et le Razès. Il avait aliéné le jardin occupé encore en 1790 par les Pères Doctrinaires du Collége (aujourd'hui place du Marché). Dans cette enclave l'archevêque jouissait de l'entière justice pour la connaissance de tous méfaits et de toutes personnes tant religieuses que séculières. Il avait acquis à Limoux, depuis le xiiie siècle, l'entière justice du terroir de Marceillan et divers fiefs avec lods au sixième, censives, tasques et autres droits en la ville et terroir de Limoux. Il percevait enfin une portion de la dîme du terroir de Limoux et la moitié seulement sur la paroisse de Salles (1), taillable de Limoux.

	liv.	sols	d.
Les revenus de Limoux et de Salles, y compris les lods, s'élevaient annuellement à la somme de	3.858	12	11

	liv.	sols	d.			
Charges locales	636	»	»			
Portion des charges générales	514	9	8	1.517	19	4
Décimes	367	9	8			
NET				2.340	13	7

(1) Cette paroisse rurale est supprimée; c'est aujourd'hui un simple domaine situé au sud-est de Limoux, non loin de la route de Saint-Polycarpe.

ALAIGNE.

Depuis longtemps les possessions archiépiscopales à Alaigne avaient été singulièrement amoindries. Il n'est plus question de château, des vergers contigus, des étables et greniers, ni du moulin, ni des bastides de Pignols et de Saint-Pierre (1) ; encore moins des prairies de Marsolles, de Prat-Majou, de las Gaytos, de Laurats, pas plus que des bois de Pignols, de Marsolles, d'Aques, de Bonepoliu, de Pipin, tous autrefois abondamment pourvus de garennes.

A la fin du xviiie siècle, l'archevêque n'y avait conservé « qu'un engard, sol ou aire et champ attenant » de la contenance de 2 séterées. Il avait encore gardé la justice et les droits en dépendants et la majeure partie de la directe du lieu et terroir d'Alaigne, avec lods au sixième, censives et autres droits, comme aussi diverses redevances évaluées à 26 livres et une albergue de 5 livres pour la terre de Pignols, aliénée depuis longtemps ; enfin le quart de la dîme (2).

	liv.	sols	d.			
Tous ces droits et ces immeubles étaient affermés et donnaient à l'archevêque un revenu annuel de	3.583	11	4			

	liv.	sols	d.			
Charges locales...........	682	»	»	}		
Portion des charges générales.	477	16	2	} 1.501	1	11
Décimes..........	341	5	9	}		
NET.....................	2.082	9	5			

(1) Ces bastides étaient situées au midi d'Alaigne : Pignols, au sud-ouest de Donazac ; Saint-Pierre, non loin de Joustrobert, sur les bords du ruisseau de Pomy.

(2) Au midi d'Alaigne, le monticule qui domine le ruisseau porte encore le nom de « Pic des trois Seigneurs ».

ALBIÈRES.

Ce lieu était pour l'archevêque de Narbonne le chef d'une seigneurie qui comprenait Albières, le val de Cedeillan, au terroir de Massac, et autres lieux circonvoisins. Jusqu'à la fin du xviie siècle, la seigneurie d'Albières fut disputée à l'archevêque par Jean Fajolle, sieur de Bouisse, et Anne d'Alby, veuve de noble Jean-Antoine d'Hautpoul, seigneur de Caumon (1). Jusqu'en 1694, il fut seul seigneur d'Albières « avec toute juridiction et exercice d'icelle et prenant les compositions (amendes) lesquelles étaient de petite valeur », environ 10 sols, année moyenne. Au xviiie siècle, M. de Mage, seigneur de Salza, Nouvelles, Domnove et autres lieux, était coseigneur d'Albières pour un petit fief (2). L'archevêque conserva néanmoins jusqu'à la fin l'entière justice et droits en dépendants, un château ruiné et la moitié de la directe, l'autre partie appartenant au coseigneur (3) avec lods au sixième, censives, tasques et autres droits, et une albergue de 12 livres sur la communauté. Les belles prairies et le bois de Saint-Just avaient donc été aliénés. Il percevait enfin le quart de la dîme.

---

(1) *Arch. dép. Aude*, G. 22.

(2) Primitivement l'archevêque avait deux vassaux à Albières : Bernard de Pierrepertuse et Sicard d'Auriac, qui eurent pour successeurs les de Chuteauneuf et les d'Hautpoul. (MAHUL, *Cart.*, t. iii, p. 369).

(3) La communauté d'Albières, par la voix de ses conseils, avait pourtant « déclairé et recogneu devant les très honorés seigneurs messieurs tenantz « les requestes du pallais pour le roy en Tholoze tenir tous et chascun des « biens et possessions..... soubs la directe seigneurie de Monseigneur l'arche- « vèque de Narbonne..., le recognoissant pour seul seigneur directe fon- « cier..... » (*Arch. dép. Aude*, G. 22.) Le procès de 1694 partagea la directe.

	liv.	sols	d.
Les divers droits et revenus de l'archevêque s'élevaient, pour Albières, à la somme annuelle de	1.050	11	3

	liv.	sols	d.				
Charges locales..............	18	»	»	}			
Portion des charges générales..	140	1	6	}	258	1	7
Décimes........ ...	100	»	1	}			
Net.....................					792	9	8

BRENAC.

Ici comme à Albières nous pourrons constater que les communautés aimaient mieux vivre sous la crosse et la mitre que sous les seigneurs bannerets. La terre et seigneurie de Brenac comprenait non seulement le village de Brenac, mais encore les villages ou hameaux de la Serre, Prax et Fauruc; ces quatre lieux ne faisant qu'une seule communauté et qu'une seule paroisse, comprenaient 124 familles et environ 400 communiants (chrétiens pratiquants). En 1253, l'abbé de Joucou avait fait un échange avec l'archevêque de Narbonne et lui avait « baillé l'église « de Cabirac et tous les droits généralement qu'il avait « dans toute l'étendue des lieux de Belbianes, Brenac, « Quillan..... » En 1260, nouvel échange entre le roi et Aymeric de Montlaur pour le territoire de Fauruc, le roi s'y réservant la haute justice, qui fut donnée en 1306 aux archevêques. Le seigneur de Montlaur ayant troublé l'archevêque dans l'exercice de cette justice, le bailli de Sault, après enquête, déclara qu'elle appartenait à l'archevêque (1342). Le sieur de Roquelaure, vers 1615, acquit de l'archevêque les droits et fief dudit seigneur. Mais vexés par ce dernier, les habitants de Brenac prièrent le seigneur archevêque d'agréer qu'ils achetassent en son nom ce qui avait été aliéné, sous l'obligation de fournir les sommes nécessaires pour le remboursement au sieur de Roquelaure. Ils obtinrent ainsi leur entier rachat, malgré les prétentions de ce dernier qui voulait retenir pour lui la basse et moyenne justice dudit Brenac (1623).

Plus tard, ayant acquis deux petits fiefs enclavés dans le territoire de Brenac, le sieur Mauléon de Nébias obtint une sentence arbitrale (1722) lui attribuant la moyenne et basse justice de Brenac; les habitants relevèrent appel, se basant sur l'arrêt de 1623. Mais, en même temps, M. de Mauléon s'insinua auprès des agents de M. de Beauveau, archevêque de Narbonne, et obtint, en 1723, l'inféodation de la haute justice de Brenac, moyennant l'albergue annuelle d'un marc d'argent (50 livres). Les habitants de Brenac essayèrent bien d'attaquer comme nul cet acte d'inféodation, du consentement même de M. de Beauveau, qui reconnut que l'on avait surpris sa bonne foi; mais M. de Mauléon, après la distribution du procès, prétendit que la plupart des habitants de Brenac avaient manqué de respect à lui et à sa famille. Sept ou huit mois passés dans les prisons de la Cité de Carcassonne (1728-1729) purent faire cesser les réclamations, produire une certaine intimidation chez les habitants de Brenac et amener une nouvelle transaction (1730) par laquelle « ils « reconnaissent ledit sieur de Mauléon pour leur seul « seigneur haut, moyen et bas justicier…, seul seigneur « de Brenac, Laserre, Prax, Fauruc et dépendances; » mais en 1756 les habitants de Brenac, « tracassés de toutes « façons, vexés par diverses violences », écrivent encore à Monseigneur de la Roche-Aymon, lui remontrant « leur situation déplorable » et le désir qu'ils ont « de rester (puis- « que dans le fonds ils sont les véritables vassaux de « l'archevêque) sous la douce domination des seigneurs « archevêques de Narbonne, implorant le grand prélat « pour qu'il ait la bonté de faire revenir à la mense « archiépiscopale la terre et seigneurie de Brenac… »(1).

---

(1) Arch. dép. Aude, G. 25.

Ces prières furent en partie exaucées, car en 1790 l'archevêque déclare posséder « suivant le dénombrement, « les reconnaissances et autres titres, l'entière haute justice « et moitié de la moyenne et basse et droits en dépendant « dudit lieu et terroir de Brenac au diocèse d'Alet ». Mais il n'y perçut rien autre chose « qu'une redevance annuelle de 50 livres de M. de Mauléon pour inféodation de fief »; ce qui semble indiquer que la sentence de 1726 avait été interprétée sans doute plus favorablement, tout en respectant certains droits du sieur de Mauléon.

	liv.	sols	d.
N'y percevant aucun droit, l'archevêque n'était tenu à aucune charge locale................	50	»	»

	liv.	sols	d.		liv.	sols	d.
Portion des charges générales..	6	13	4	}	11	8	7
Décimes..............	4	15	3				

	liv.	sols	d.
NET...	38	11	5

CAVIRAC.

L'archevêque n'y posséda jamais aucun bien foncier, car, en 1253, l'abbé de Joucou ne lui avait donné que les droits sur « l'église de Cabirac » (1). Mais il avait l'entière justice et droits qui en dépendaient (châtellenie de Quillan) et l'entière directe du lieu et terroir, consistant en censives abonnées à la communauté à 8 sols par an, et en lods au sixième revenant, année commune, à 33 livres 12 sols 9 deniers.

	liv.	sols	d.
Total....................................	34	»	9

	liv.	sols	d.		liv.	sols	d.
Portion des charges générales..	4	10	9	{	7	15	5
Décimes............	3	4	8				

	liv.	sols	d.
NET	26	5	4

(1) *Arch. dép. Aude*, G. 25.

COUDONS.

Primitivement l'archevêque n'avait à Coudons que la
moitié de la haute et basse justice, l'autre moitié appartenant au seigneur de Castelport. Il en devint plus tard le
seul seigneur et y posséda jusqu'à la Révolution l'entière
justice et les droits en dépendants, l'entière directe consistant en lods au sixième, censives et tasques.

Il posséda surtout d'immenses forêts : celle de l'Agre,
contenant 104 arpents (1) ; celle de Miraille et Montmijea,
102 arpents ; celle des Echards, contenant 75 arpents, et
celle de la Sérayrède, contenant 20 arpents. Par arrêts du
Conseil du 30 décembre 1710 et du 24 août 1784, l'archevêque était autorisé à couper et vendre annuellement
160 sapins, dont l'adjudicataire fermier payait 5,239 livres.

La forêt de l'Agre, acquise d'abord au domaine, a été
aliénée après 1833 ; celle des Echards a été aliénée bien
avant ; celle de Miraille, restée au domaine, est annexée à
la forêt de Callong ; celle de Montmijea est comprise dans
les taillis communaux de Coudons ; la Sérayrède dans
ceux de Belvis. Le revenu total de Coudons, en y ajoutant
le produit des lods,

	liv.	sols	d.
s'élevait annuellement à la somme de	5.305	17	9
Charges locales : gages de deux gardes-forêts, 240 livres ; un tiers des honoraires des officiers de la châtellenie de Quillan, 320 livres. — Total............ 560 » »			
	1.772	15	4
Portion des charges générales. 707 9 »			
Décimes 505 6 4			
NET..................	3.533	2	5

(1) L'arpent équivalait à la séterée du pays.

Cubières.

A Cubières, les divers immeubles pour habitation ou pour exploitation, le moulin, la « belle forêt » (1), ont disparu de bonne heure. L'archevêque n'y avait conservé que « l'entière justice et directe avec lods au sixième, « censives, tasques et droits en dépendant, plus une por- « tion non fixée par quote simple de la dîme dudit terroir. »

	liv.	sols	d.
Le revenu total de Cubières s'élevait à	1.982	12	3

	liv.	sols	d.			
Charges locales	44	»	»	⎫		
Portion des charges générales..	264	6	11	⎬	497	3	1
Décimes	188	16	2	⎭		

	liv.	sols	d.
Net	1.485	9	2

Fontjoncouse.

Ce lieu était le siège de l'une des plus anciennes seigneuries de l'archevêché de Narbonne, car elle remonte, en partie du moins, à 1056 (2). Mais elle subit plus d'une modification, soit parce que plusieurs archevêques l'ont diversement inféodée, soit parce que les achats ou les donations en ont modifié l'importance. Quand la famille des seigneurs châtelains de Fontjoncouse eut disparu, l'archevêque en devint seul seigneur en toute justice, et il le fut jusqu'à la Révolution française, jouissant en outre de l'entière directe, sauf les deux petits fiefs de Rieupaut et le pech de Saint-Victor (3), non loin du terroir de

---

(1) Elle est aujourd'hui confondue dans les bois communaux.

(2) Arch. dép. Aude. G. 7.

(3) A cette altitude de 421 mètres se trouvait une chapelle, aujourd'hui ermitage, connue sous le nom de Chapelle de l'Aigle.

Sabine, consistant en lods au sixième, censives, tasques et autres droits.

Comme immeubles, l'archevêque de Narbonne n'y possédait déjà plus, au xviiie siècle, que « le sol d'un château ruiné et un four à cuire le pain ». La belle forêt de chênes verts avait été aliénée ; elle est affectée aujourd'hui aux taillis communaux. Il y percevait enfin le quart de la dîme, l'autre partie étant réservée au recteur du lieu.

	liv.	sols	d.
Les revenus de l'archevêque étaient affermés pour le prix annuel de....................	1.907	19	»

	liv.	sols	d.			
Charges locales.............	52	»	»	⎫		
Portion des charges générales.	254	7	11	⎬	488	2 11
Décimes...........	181	14	2	⎭		

NET 1.419 16 1

FOURTOU ET LAS EGUES.

Ces deux localités, qui forment aujourd'hui une seule commune et une seule paroisse, dépendaient, au xiiie siècle et jusqu'à la Révolution, du même consulat. La terre de Joncairolles, qui comprenait une belle forêt, avait été anciennement démembrée et était tenue en arrière-fief de l'archevêché.

A Fourtou, « deux belles prairies, une belle forêt » (1) ; à Las Egues, ou la Mouline, les constructions rurales, deux prairies, le droit de pêche, le terroir de Rapassole, le moulin, tout avait été aliéné. L'archevêque n'y avait conservé que « l'entière justice et droits en dépendant, une aire, et l'entière directe consistant en lods au sixième,

---

(1) Elle est aujourd'hui comprise dans les taillis communaux.

censives et tasques ; il percevait enfin le quart de la dîme
desdits terroirs. »

	liv.	sols	d.
Ces droits étaient affermés et produisaient annuellemeut un revenu de................	1.712	6	5

	liv.	sols	d.				
Charges locales................	46	»	»	)			
Portion des charges générales..	228	6	2	}	437	7	8
Décimes............	163	1	6	)			

	liv.	sols	d.
Net......................	1.274	18	9

GALINAGUES ET RODOME

Ces deux localités ne formaient autrefois qu'un seul
taillable. L'archevêque avait dans certaines parties de ces
terroirs quelques droits de justice et de directe, les autres
parties relevant du roi et autrefois simultanément de
l'abbé de Joucou. La partie des droits de l'archevêque
avait été négligée, aussi les revenus qui en découlaient
furent-ils facilement perdus ou abandonnés. En ces derniers temps, il n'y percevait plus qu'une rente de 25 livres
sur la communauté pour abonnement des censives d'un
fief (1). Pas de charges locales, la seigneurie appartenant
au roi.

	liv.	sols	d.
Total.............................	25	»	»

	liv.	sols	d.				
Portion des charges générales.	3	6	8	)			
Décimes...........	2	7	7	}	5	14	3

	liv.	sols	d.
Net......................	19	5	9

(1) « Il y a un fief à Galinagues..., le revenu duquel on dict n'estre guierre
« considérable... » Visite de 1676 (*Arch. dép. Aude*, G. 20).

GINOLES.

Ici encore tous les biens immeubles de l'archevêché :
« condamine, champ, verger, pâturages », sont aliénés.
La quête en argent, en froment, arraou, avoine, vin, et
les droits de foriscape étaient supprimés ; tous les droits
d'entière justice (1) et d'entière directe sont réduits à
« 60 livres de censives abonnées à la communauté et en
lods au sixième, produisant en moyenne 48 livres 5 sols
3 deniers. » Pas de charges locales.

	liv.	sols	d.
Total................................	108	5	3

	liv.	sols	d.				
Portion des charges générales.	14	8	8	}	24	14	10
Décimes..........	10	6	2				

NET................. ...	83	10	5

MÉRIAL, LAFAJOLE ET GÉBETZ.

Contrairement à ce qui se passait ailleurs, le domaine
de l'archevêché de Narbonne s'est ici conservé, augmenté
même. Rappelons que le point initial de ses beaux revenus
datent de la donation que firent, en 1040, Bernard Eudes
et sa femme à l'archevêque de Narbonne des lieux et
forêts de Gébetz.

Sur cette communauté l'archevêque conserva jusqu'à
la Révolution « l'entière justice et directe desdits trois
« lieux, consistant en lods au sixième, censives, tasques
« et autres droits en dépendant ». Il avait, en outre, un
droit de quête sur la communauté, fixé à 16 livres 15 sols,
comme au xiii⁰ siècle.

---

(1) En 1686 l'archevêque jouissait directement encore de l'entière seigneurie. (Arch. dép. Aude, G. 20).

Comme immeubles il possédait : « diverses usines,
« forge, martinet (1), moulin banal à bled (construit après
« la visite de 1676 et banal obligatoirement pour la Fajolle
« et Mérial) , deux moulins à scie sur le Rebenty, avec les
« chaussées, canaux, mobiliers des usines, jeux et usten-
« siles en dépendant; un château et autres bâtiments aux
« lieux de Mérial et Lafajole; une métairie à Mérial (2),
« une autre à la Fajolle (appelée la Madele ou Madelle,
« située sur la montagne) formées chacune de mauvaises
« terres. »

L'archevêque possédait surtout « diverses forêts de
sapins », dans lesquelles, par arrêt du Conseil des 30 décembre 1710 et 12 octobre 1728, il était autorisé à faire couper
annuellement 550 sapins (3). Nous relevons dans la visite
de 1676, faite par le châtelain de Quillan au nom de
l'archevêque, les dénominations suivantes : « le bac de
« Thébrac, la coumbe de Font d'Argen, Bac et Soulla (4), la
« forêt d'al Sarrat de la Galine, quy sont de bois publés
« de sapins et quelques faus (5), la forêt du bac de Labal. »
Le même visiteur déclare qu'il a remarqué que « les
« montaines de Gébetz étaient très propres pour les pastu-
« rages gros et meneu..., et M. de Gébetz lui a même
« advoué que les communautés de Camurac et Comus

---

(1) Les archives de l'Aude, G. 20, mentionnent un « moullin foulon
« et martinet à faire clous qui porte 60 livres de rente ».

(2) Cette « metterie » près de laquelle se trouvait « un pigeonnier, qui est
« destaché de ladite metterie, a quatre piliers » s'affermait à « 40 cestiers de
« grains, sçavoir : seigle, avoine ou meliorque... » (Arch. dép. Aude. Ibid.).

(3) Les métairies et autres immeubles ont été aliénés à des particuliers ;
les forêts appartiennent aujourd'hui à l'État. En 1891, celle de Mérial et de
Gébetz ont fourni 354 mètres cubes de bois, non compris les redevances
communales, vendus pour 3,090 francs ; celle de Lafajole, 236 mètres cubes,
pour le prix de 4,090 francs.

(4) C'est-à-dire Nord et Midi.

(5) Fagus, hêtre.

« payaient 150 livres pour la dépaissance de leur bes-
« tail... » (1).

	liv.	sols	d.
Tous ces droits, biens et revenus, étaient affer- més sous le prix annuel de	16.224	»	»
Charges locales : gages de trois gardes-forêts, 500 livres ; deux tiers des honoraires des officiers de la châtellenie de Quillan, 640 livres ; appointements d'un commis, 288 livres ; réparations aux usines, bâtiments, 2,000 livres. — Total..... 3.428 » » Portion des charges générales 2.163 4 » Décimes 1.545 2 9	7.136	6	9
NET	9.087	13	3

Il ne faudrait pas croire que la coupe et l'entretien de
ces diverses forêts fussent livrés, même à cette époque,
à l'arbitraire. Nous avons vu le Conseil du roi intervenir
et fixer le nombre d'arbres à couper annuellement ; on
trouve, dans la liasse que nous analysons ci-dessus et
dans la suivante, les procès-verbaux, de 1731 à 1740 de
visites générales, de martellement et de délivrance d'arbres de ces forêts ; des procès-verbaux de bornage, de
constatation de dégradations et de détériorations commises
dans les bois de l'archevêché (1731) ; des actes de vérification par le grand-maître des eaux et forêts ; divers
mémoires, notamment celui du curé de Montaillou, relatif
au sous-fermage des pâturages de Mérial et Lafajolle. Ces
actes prouvent l'intérêt que l'on attachait déjà à la bonne
administration des forêts même particulières (2).

---

(1) *Arch. dép. Aude.* Ibid. — On payait généralement 5 sous pour la
dépaissance de chaque tête de gros bétail.

(2) *Arch. dép. Aude,* G. 20-21.

PIEUSSE.

L'archevêque de Narbonne était seigneur en toute justice
du lieu et terroir de Pieusse; il avait « presque l'entière
« directe dudit lieu et terroir, avec les lods au sixième,
« censives, tasques et autres droits en dépendant ». Il
percevait, en outre, « une portion non fixée par quotte
« simple de la dîme ».

Il avait, à Pieusse, « un château, célier, prisons et enclos
« contigus »; dans le cellier, « deux cuves à contenir
« environ 135 charges de vin et 55 tonneaux de bois de
« chêne à contenir 60 charges de vin environ, un fouloir
« avec sa claye et un pressoir, le tout vieux; un ferratjal
« derrière le château, contenant une quarterée; un champ
« près les ruines de l'ancien moulin, contenant 6 séterées
« 3 quarterées; un bac sur la rivière d'Aude pour la
« traversée gratuite des habitants de Pieusse, ayant des
« possessions à l'autre bord, avec un petit logement pour
« le bacquier et un champ contigu, contenant une quar-
« terée 2 coups. »

Le four de Pieusse, les quatre colombiers de Ribalz, le
colombier du Pla-du-Sou au-delà de la rivière, le moulin
du gué à huit meules, qui, au xviie siècle, donnait annuellement 426 livres de revenu (1), le moulin de Marchilens à
quatre roues, tout est ruiné, et il est difficile aujourd'hui
d'en retrouver les emplacements. Seul, le château existe,
mais à l'état de ruines.

A cette époque (1789), le terroir et l'église de Marceille,
les deux églises rurales de Saint-Michel-de-Valuse et de
Saint-Jacmes-de-Laucède (2), sur la rive gauche de l'Aude

_____

(1) *Arch. dép. Aude*, G. 21.
(2) Elle existe encore.

l'église rurale de Sainte-Marie-du-Sou (1), le terroir de Col-de-Bosc, dépendaient du terroir et consulat de Pieusse. Primitivement l'archevêque y percevait tout, comme à Saint-Michel, à Saint-Jacmes et à Col-de-Bosc, ou partie, comme au Pont-du-Sou et à Marceille, de la dîme des fruits. Ces divers droits furent perdus.

	liv.	sols	d.
Les revenus archiépiscopaux à Pieusse étaient affermés pour la somme annuelle de........	3.583	11	4

	liv.	sols	d.				
Charges locales..............	370	»	»	}			
Portion des charges générales.	477	16	2	}	1.189	1	11
Décimes...........	341	5	9·	}			

Net.....................	2.394	9	5

QUILLAN.

Ce lieu était pour l'archevêque de Narbonne le chef-lieu d'une châtellenie à laquelle ressortissaient plusieurs de ses seigneuries : Gébetz, Saint-Martin, Bolude, Ginoles, Galinagues et Niort. Quillan était aussi le centre d'une maîtrise des eaux et forêts chargée de visiter et de conserver les forêts des environs : Coudons, Mérial, La Fajolle, Gébetz.

A Quillan, l'archevêque avait perdu quelques possessions primitives, telles que « une grande maison avec le « cellier, une vigne et une prairie auprès de la ville et « toutes les terres en herme dans le terroir de Quillan. »

Le « très beau château avec les deux vergers contigus », du XIIIe siècle, était « vieux », et les « 10 quarterées de terre étaient « laissées au concierge pour ses gages ». Il est vrai que déjà, en 1628, les experts chargés d'appré-

(1) Au midi du Pont-du-Sou et sur les bords de la route. Cassini.

cier les réparations à faire à cet immeuble, trouvèrent
« les fondementz de la muralhe d'icellui... cavés et altérés,
« provenant des eaux pluviaux..., la basse-cour en partie
« despavée et ruinée depuis longtemps..., la sale basse
« pleine de ruines, tout démoly depuis longtemps...,
« quatre galleries pour aller aux membres des premiers
« planchers aussy démolis.., Le donjon, « soubz lequel
« soulait estre la grand porte de l'entrée », était murée à
« pierre chaux, ainsi que deux petites grottes servant de
« prisons..., le pont-levis et garde-fou devant la porte de
« l'entrée du donjon tout consumé et pourry ». Au corps-
de-garde, pas de porte, encore moins de fenêtre; les
divers planchers pourris et corrompus; les murailles
d'enceinte seules paraissaient « bonnes et suffizantes » (1).

Les réparations indiquées et prévues ne furent point
exécutées; aussi le château était-il vieux en 1790. Aujour-
d'hui il est à l'état de ruine, les quatre murs existent à
l'état de délabrement sur toutes les faces, à l'exception de
celle qui regarde la ville. La cour intérieure est convertie
en jardin; le verger contigu a été morcelé, il est aujour-
d'hui complanté en vignes. Les restes du jardin appartiennent à M. Barthélemy Rouyre.

L'archevêque avait conservé « le molin qu'est soubz
icellay (château) » à six meules. Affermé autrefois moyennant une albergue et une rente annuelle de 700 livres
(1643-1672), il produisait, en 1790, une rente de 147 setiers
de blé, environ 1,831 livres. Cet immeuble appartient à
la famille Debosque : une partie, qui servait, il y a douze
ans, à une filature occupée par M. Pinet, plus tard à une
industrie de chaussures, fut dévorée par un incendie;
l'autre partie existe encore à l'extrémité du Pont-Vieux
et est affectée à un moulin à blé de trois meules.

L'archevêque possédait encore le bois de Lapinouze,

(1) *Arch. dép. Aude*, G. 19.

dont « l'unique produit consistait a fournir partie du bois pour la réparation du moulin et de la chaussée. »

Ce bois, qui fait aujourd'hui partie des terrains communaux en partie de Quillan et en partie de Belvianes, a tiré son nom de Claude Pinet-Lapinouze, maire de Quillan et seigneur de Laval, à qui l'archevêque de la Roche-Aymon avait « baillé à fief un vacant au lieu de la Tourette » (1755) moyennant 5 sous de censive, et qui probablement a planté cette petite forêt.

L'archevêque avait enfin conservé l'entière justice et directe de ladite ville et terroir, consistant en lods au sixième, rendant année commune 629 livres 11 sols, et en censives abonnées à la communauté à 100 livres par an. Il percevait en outre « sur le domaine du roi une indem- « nité de 8 livres 10 deniers, quitte des frais de quit- « tance » (1); sur le sieur Roillet Bellisle « une albergue « de 10 livres pour inféodation d'une isle (formée par les « bras de l'Aude) ».

	liv.	sols	d.
Total des revenus de Quillan	2.097	11	10
Charges locales : gage d'un garde pour Lapi- nouze, 60 livres; réparation de la chaussée et moulin, 312 liv. 10 sols.. 372 10 »			
Portion des charges générales. 279 13 6	851	18	10
Décimes 199 15 4			
Net	1.245	12	»

ROUTIER.

Ce lieu avait été donné à l'archevêque de Narbonne par Amaury de Montfort, en 1239. Jusqu'en 1767 l'archevêque

(1) S'agit-il ici de quelque cession de terrain au domaine royal? Ne faudrait-il pas y voir une trace du procès intenté en 1666 à l'archevêque par François Euldes au sujet de la « terre, molins et dépendances qu'iceluy « prétend estre de l'entier domaine du roy en la sénéchaus-ée de « Carcassonne » ? (Arch. dép. Aude. Ibid.).

l'avait possédé en entier en toute justice et directe; mais à cette date eut lieu un échange qui partagea la juridiction.

Le lieu de Routier en Languedoc était en effet divisé en deux parties, dont l'une appelée le *Bourg* était la plus considérable, et l'autre appelée le *Fort* renfermait l'église paroissiale et environ la huitième partie des maisons situées dans l'étendue de la paroisse de Routier. Au Fort, le sieur Cairol de Madaillan possédait « une maison considérable avec ses dépendances » ; il proposa en échange « le fief de Coulommiès, situé dans le consulat de Limoux ». Par cet échange accepté par l'archevêque, celui-ci transporta « à perpétuité à titre « d'arrière-fief au sieur Cairol de Madaillan la seigneurie « de la partie de la paroisse de Routié, comprenant la « maison du sieur Cairol Madaillan et la partie appelée « le Fort. En contre-échange, ledit sieur Cairol Madaillan « cédait au dit sieur archevêque de Narbonne et à ses « successeurs le fief de Colomiés, et leur fournissait à « perpétuité une albergue de 3 marcs et demi d'argent, et « à chaque nouvel archevêque une croix pectorale d'or « pesant quatre onces » (1).

Le fief de Madaillan, dont le château existe encore, était donc sous la mouvance de l'archevêque de Narbonne; la redevance était fixée en 1790 à une albergue de 150 livres.

L'archevêque percevait en outre sur la communauté une albergue de 35 livres 14 sols et le quart de la dîme sur le terroir de Routier. Il possédait enfin « une maison ou château à un étage (2) et une aire près dudit lieu ».

---

(1) Lettres royaux, donnés à Versailles le 16 décembre 1767, signées *Louis, Per le roi, Phelipeaux*. Registres du Conseil d'État. *Arch. Nat.* Ces lettres, permettant cet échange, sur arrêt du Conseil du 4 décembre, ordonnaient en outre que le nom de Fort serait et demeurerait supprimé et porterait à l'avenir le nom de Cairol-Madaillan en toutes occasions et en tous actes.

(2) C'est « l'*hospitium cum solario pro bladis tenendis* » du XIIIᵉ siècle; « l'*hospitium sine solario* » pour le vin avait été aliéné.

	liv.	sols	d.
Les droits de Routier produisaient un revenu annuel de	4.232	7	3

	liv.	sols	d.				
Charges locales..............	43	»	»	⎫			
Portion des charges générales.	564	6	3	⎬ 1.010	7	7
Décimes..........	403	1	4	⎭			

NET..................... 3.221 19 8

VILLEROUGE-TERMENÈS.

Cette localité dépendait en toute justice de la temporalité de l'archevêque, qui en avait aussi l'entière directe avec lods au sixième, censives et tasques. Il y percevait de temps immémorial une portion non fixée par cote simple de la dîme. Comme immeubles l'archevêque possédait à Villerouge, en 1790, un château, qu'il prêtait gracieusement à la communauté pour loger le curé, et un un four banal. Les autres immeubles, « constructions « rurales, condamine avec aire contiguë, une vigne al « Soulas (les Soulanes), deux prairies à la Marmairane, « une belle forêt (1) dans laquelle se trouvaient dissémi- « nées de nombreuses garennes », avaient été aliénés, les corvées d'hommes et d'animaux supprimées.

Dans le terroir de Villerouge se trouvaient aussi des mines de fer appartenant à l'archevêque. Le droit d'extraction du minerai (fer carbonaté ou noirâtre, lamellaire, oxyde de manganèse, oxyde de fer) de ces diverses mines avait été réglé par arrêt du Conseil du 7 avril 1786; il avait été affermé le 27 septembre 1788, devant Me Lagarde, notaire à Narbonne, au prix annuel de 200 livres. Le 16 janvier 1790, le bail en fut résilié purement et simple-

_____

(1) Ces forêts de chênes verts, dont l'administration forestière poursuit en ce moment la récupération, sont propriété communale.

ment, « en vue de favoriser les habitants et pour ne point entrer en contestation avec eux ». C'est, au dire de Gensanne (1), ce qui « dans la suite rendra ces mines inexploi- « tables, car chacun prenait ce qu'il trouvait à la surface, « en faisant des trous à côté les uns des autres... » (2).

	liv.	sols	d.
Les droits de l'archevêque à Villerouge étaient affermés pour le prix annuel de	1.955	10	11

	liv.	sols	d.				
Charges locales	120	13	4				
Portion des charges générales	295	10	»	}	603	7	1
Décimes	187	3	9				

	liv.	sols	d.
Net	1.352	3	10

Droits de l'archevêque.

AJAC (3).

Sur ce terroir, dont la seigneurie appartenait aux de Lévis-Mirepoix, branche d'Ajac, l'archevêque percevait le quart de la dîme,

	liv.	sols	d.
affermé sous le prix annuel de	468	»	»

	liv.	sols	d.				
Charges locales	21	»	»				
Portion des charges générales	62	8	»	}	127	19	5
Décimes	44	11	5				

	liv.	sols	d.
Net	340	»	7

(1) *Hist. nat. du Lang.*, t. II, p. 191.
(2) Ces mines, bien exploitées, ont produit jusqu'à 6,000 quintaux métriques de minerai; l'exploitation a été reprise à différentes époques, notamment en 1802, 1818, 1821, 1833, 1848; mais en 1849 l'exploitation avait cessé.
(3) Dans tout l'archiprêtré du Razès, dont Ajac était le chef-lieu, le sac d'avoine était estimé 6 livres 10 sols.

Albas.

Ce lieu avait pour patron le commandeur d'Homps,
pour seigneur le baron de Malves. L'archevêque y perce
vait un tiers de la dîme (1),

	liv.	sols	d.		liv.	sols	d.
affermé au prix de........................					370	»	»
Charges locales..............	18	»	»	⎫			
Portion de charges générales.	49	6	8	⎬	102	11	4
Décimes............	35	4	8	⎭			
Net..............					267	8	8

Auriac.

L'archevêque était primitivement seigneur en toute
justice des terres d'Auriac et de Cédeilhan (commune de
Massac). Comme propriété, il y possédait des prairies,
une vigne, une forêt (Bois de la Bouisse, Courbatié, Pech-
Noir, Mount-Escourgeat, les Piques) avec droit de chasse
et autres. Tout cela fut aliéné de bonne heure. La seigneurie d'Auriac passa d'abord aux chevaliers d'Auriac, puis
aux de Vic (2). Quant au fief de Sedelhan (Cédeilhan,
Cédelan), où se trouvait la forêt, il passa en 1576 aux
mains de la famille de Soulatge, puis à ses héritiers, les
de Brunet, qui disputèrent longtemps le droit de dépaissance aux habitants de Massac; enfin aux de Calmès.

---

(1) Il avait abandonné le droit du quart en orge et en froment.
(2) Mahul, *Cart.*, t. iii, pp. 372-374.

En ces derniers temps, l'archevêque y percevait le quart de la dîme, affermé pour Auriac seulement,

	liv.	sols	d.
pour le prix annuel de......................	362	»	»

	liv.	sols	d.				
Charges locales..............	18	»	»	⎫			
Portion des charges générales.	48	5	4	⎬	100	14	10
Décimes...........	34	9	6	⎭			
NET......................					261	5	2

BELLEGARDE.

Sur ce terroir, où le prieur de Caumont et le sieur du Pac de Bellegarde se partageaient les droits, l'archevêque percevait les sept douzièmes de la dîme (4),

	liv.	sols	d.
affermés pour le prix annuel de..............	1.586	»	»

	liv.	sols	d.				
Charges locales..............	46	»	»	⎫			
Portion des charges générales.	211	9	4	⎬	406	12	4
Décimes...........	149	3	»	⎭			
NET......................					1.179	7	8

BELVÈZE.

La seigneurie de Belvèze appartenait aux du Puy; l'archevêque n'y percevait qu'un quart de la dîme,

	liv.	sols	d.
évalué à...................................	1.033	10	»

	liv.	sols	d.				
Charges locales...............	28	»	»	⎫			
Portion des charges générales.	137	16	»	⎬	265	4	7
Décimes...........	98	8	7	⎭			
NET......................					768	5	5

(4) Primitivement l'archevêque n'avait que le sixième.

Bouisse.

Anciennement l'archevêque percevait toute la dîme et la prémice sur le haut des collines; dans la vallée, la prémice appartenait au vicaire du lieu. Au xviiie siècle, il prenait les trois quarts de la dîme,

	liv.	sols	d.
évalués à	1.918	»	»

	liv.	sols	d.	
Charges locales	125	»	»	
Portion des charges générales.	255	14	8	663 7 10
Décimes	182	13	2	
Net	1.254	12	2	

Brézilhac.

La seigneurie appartenait aux de Marion, de Cailhavel, de Bellissens; le tiers de la dîme appartenait à l'archevêque qui l'avait affermée

	liv.	sols	d.
au prix annuel de	1.036	»	»

	liv.	sols	d.	
Charges locales	30	»	»	
Portion des charges générales.	138	2	8	266 16 »
Décimes	98	13	4	
Net	769	4	»	

Brugairolles.

Cette paroisse était unie à l'abbaye de Montolieu; l'abbé et M. de Voisins en étaient coseigneurs· l'archevêque y percevait le quart de la dîme (1),

---

(1) Le droit de six poules payé par l'abbé de Montolieu pour Brugairolles et Graumzie avait été abandonné par l'archevêque.

	liv.	sols	d.
affermé pour..............................	866	»	»

	liv.	sols	d.				
Charges locales..............	30	»	»				
Portion des charges générales.	115	9	4	}	227	19	»
Décimes...........	82	9	8				
Net.....................					638	1	»

BUC ET BELCASTEL.

La seigneurie de Buc, qui appartenait primitivement à l'archevêque, avait été cédée aux d'Arse; à Belcastel, il percevait autrefois le quart de la dîme. Au xviiie siècle, il percevait sur la communauté de Buc et Belcastel une portion de dîme non fixée par cote simple.

	liv.	sols	d.
Ce droit était affermé pour le prix annuel de...	306	»	»

	liv.	sols	d.				
Charges locales..............	31	»	»				
Portion des charges locales...	40	16	»	{	100	19	»
Décimes...........	29	3	»				
Net.....................					205	1	»

CAILHAU.

Ici et à Cailhavel la seigneurie appartenait au roi et à M. de Bellissens. L'archevêque, en sa qualité de patron ecclésiastique, y percevait une portion non fixée par cote simple de la dîme; primitivement il percevait à Cailhau les cinq douzièmes (le curé sept douzièmes) de la dîme du vin et du blé et le tiers du carnelage, et la dîme entière au terroir de Jordenac.

	liv.	sols	d.
Le revenu de Cailhau était affermé au prix annuel de..............................	2.025	»	»

	liv.	sols	d.				
Charges locales..............	111	»	»				
Portion des charges générales.	270	»	»	}	573	17	1
Décimes...........	192	17	1				
Net.....................					1.451	2	11

CAILHAVEL.

Le tiers de la dîme avait été réduit à une portion non fixée par cote simple, qui était affermée

	liv.	sols	d.
pour le prix annuel de....................	1.036	»	»

	liv.	sols	d.			
Charges locales...............	28	»	»			
Portion des charges générales.	138	2	8	264	16	»
Décimes...........	98	13	4			

NET.....................	771	4	»

CAMPS.

Au point de vue ecclésiastique, Camps était une annexe de Cubières; mais il formait un consulat distinct. La seigneurie appartint successivement aux de Montesquieu, aux d'Hautpoul, aux de Bellissens, aux de Poulpry, comme celle d'Arques d'ailleurs et de Couiza. L'archevêque y percevait une portion de dîme non fixée par cote simple,

	liv.	sols	d.
affermée sur le prix de.....................	1.200	»	»

	liv.	sols	d			
Charges locales...............	18	»	»			
Portion des charges générales.	160	»	»	292	5	9
Décimes...........	114	5	9			

NET.....................	907	14	3

CASCASTEL, VILLENEUVE ET ROUFFIA (1).

Ces trois localités qui ne formaient qu'un seul consulat avaient des seigneurs différents; à Cascastel, les d'Arse

(1) Ce lieu est aujourd'hui ruiné.

d'abord, puis les de Cascastel; à Villeneuve, M. de Pail-
houx. En sa qualité de patron ecclésiastique, l'archevêque
percevait primitivement dans ce consulat un droit de
quarton d'orge et de froment; au xviiie siècle, il percevait
le tiers de la dîme à Cascastel; le quart, à Villeneuve;
une portion non fixée par cote simple à Rouffia.

	liv.	sols	d.
Le bail de cette dîme était évalué à............	1.036	»	»

	liv.	sols	d.		liv.	sols	d.
Charges locales..............	46	»	»	⎫			
Portion des charges générales.	138	2	8	⎬	282	15	9
Décimes	98	13	1	⎭			
Net.....................					753	4	3

CASTELMAURE.

La seigneurie appartenait aux de Saint-Jean de Caussat.
L'archevêque percevait sur la cure une pension annuelle,
portable à Narbonne, de 4 livres en argent, 23 setiers de
blé et 46 setiers d'orge, mesure de Narbonne (1).

	liv.	sols	d.
Le tout, exempt de charges locales, était estimé..	544	10	»

	liv.	sols	d.		liv.	sols	d.
Portion des charges générales.	72	12	»	⎫			
Décimes...................	51	17	»	⎬	124	9	»
Net					420	1	»

CASTELRENG.

Les d'Hounoux d'abord, les de Saint-Jean d'Hounoux
ensuite, étaient les seigneurs du lieu. L'archevêque n'y
percevait qu'un droit de dîme, fixé au xive siècle à la

---

(1) Il avait perdu le droit de quarton d'un setier d'orge et d'autant de blé.

quatorzième partie: à la vingt - quatrième partie au
xviiie siècle.

	liv.	sols	d.
Elle produisait, sous bail à ferme............	112	»	»

	liv.	sols	d.				
Charges locales.............	6	»	»	⎫			
Portion des charges générales.	14	18	8	⎬	31	11	11
Décimes	10	13	3	⎭			
NET					80	8	1

CÉPIE.

Cette localité relevait de l'abbaye de Lagrasse comme
patronage et comme seigneurie. Aussi l'archevêque de
Narbonne n'y prélevait-il, au xviiie siècle, qu'une portion
non fixée par cote simple de la dîme de ce terroir et
un neuvième sur la partie du terroir de Villemartin
enclavée dans le taillable de Cépie.

	liv.	sols	d.
Le tout était affermé et produisait un revenu annuel de.............................	485	16	8

	liv.	sols	d.				
Charges locales.............	18	»	»	⎫			
Portion des charges générales..	64	14	2	⎬	128	18	5
Décimes.............	46	4	3	⎭			
NET....................					356	18	3

CUCUGNAN.

La seigneurie appartint aux seigneurs locaux, les
de Pierrepertuse, les de Casteras. De temps immémorial
et jusqu'à nos jours, l'archevêque y percevait le quart
de la dîme,

	liv.	sols	d.
qui produisait	371	»	»

	liv.	sols	d.				
Charges locales.............	15	»	»	⎫			
Portion des charges générales.	49	9	4	⎬	99	15	11
Décimes..........	35	6	7	⎭			
NET....................					271	4	1

Davejean.

Ce lieu, qui n'est pas mentionné au *Livre Vert* du xivᵉ siècle, relevait primitivement du roi ; au xviiiᵉ siècle, la seigneurie appartenait aux de Barre. L'archevêque de Narbonne en était le patron ; il y prélevait le quart de la dîme ,

	liv.	sols	d.
donnant un revenu annuel de..................	472	»	»

	liv.	sols	d.		liv.	sols	d.
Charges locales.............	18	»	»	}	126	15	8
Portion des charges générales..	62	13	8				
Décimes..........	45	17	»				
Net..................					345	4	4

Dernacubillette.

Cette terre seigneuriale fut détachée du domaine archi-épiscopal et vendue à Françoise d'Arse en 1557, sous la mouvance de l'archevêque , moyennant une albergue annuelle de 30 livres. Cette seigneurie passa ensuite aux mains de Jean de Montredon, baron du Lac, Mattes, etc., aux de Saint-Martin, aux de Grave.

L'archevêque en avait gardé le patronage, et il y percevait le quart de la dîme,

	liv.	sols	d.
évalué à...........................	169	10	»

	liv.	sols	d.		liv.	sols	d.
Charges locales.............	15	»	»	}	53	14	9
Portion des charges générales..	22	12	»				
Décimes..........	16	2	9				
Net..................					115	15	3

DONOS.

Sur ce terroir, dont la seigneurie appartenait à la famille de Martrin, l'archevêque percevait de temps immémorial le quart de la dîme,

	liv.	sols	d.
affermé au prix annuel de....................	240	»	»

	liv.	sols	d.			
Charges locales	22	»	»			
Portion des charges générales..	32	»	»	76	17	»
Décimes..........	22	17	»			

Net.....................	163	3	»

DURBAN.

Les de Gléon étaient seigneurs du lieu ; l'archevêque, après avoir perdu un droit de quart d'un setier d'orge et de froment, y percevait le tiers de la dîme,

	liv.	sols	d.
évalué à.....................	1.168	»	»

	liv.	sols	d.			
Charges locales.............	36	13	4			
Portion des charges générales..	155	14	8	303	12	9
Décimes.........	111	4	9			

Net.....................	864	7	3

DUILHAC.

Ce lieu relevait du domaine royal. Le quart de la dîme appartenait à l'archevêque et produisait sous ferme

	liv.	sols	d.
un revenu de............................	356	»	»

	liv.	sols	d.			
Charges locales.............	18	»	»			
Portion des charges générales.	47	9	4	99	7	7
Décimes..........	33	18	3			

Net.....................	256	12	5

7

Escueillens.

Les de Lasset, seigneurs de Gaja et Marceillans au XVIIᵉ siècle, étaient seigneurs d'Escueillens au XVIIIᵉ. L'archevêque y percevait le tiers de la dîme;

	liv.	sols	d.
évalué sous ferme à la somme annuelle de.....	25	10	»

	liv.	sols	d.		liv.	sols	d.
Charges locales..............	28	»	»	}			
Portion des charges générales.	96	14	8	}	194	6	7
Décimes	69	11	11	)			
Net					531	3	5

Félines.

Le roi en était le seigneur; l'archevêque y percevait le quart seulement de la dîme,

	liv.	sols	d.
produisant sous ferme.....................	406	»	»

	liv.	sols	d.		liv.	sols	d.
Charges locales..............	18	»	»	}			
Portion des charges générales..	54	2	8	}	110	16	2
Décimes............	38	13	6	)			
Net...................					295	3	10

Ferran.

La seigneurie appartenait aux d'Auberjon; l'archevêque y prélevait une portion non fixée par cote simple (1)

	liv.	sols	d.
et donnant un revenu annuel de..............	1.180	2	6

	liv.	sols	d.		liv.	sols	d.
Charges locales..............	31	10	»	}			
Portion des charges générales.	157	7	»	}	301	4	9
Décimes..........	112	7	9	)			
Net......................					878	17	9

(1) Autrefois la moitié de tous les fruits.

Feuilla.

Les de Massia de Treilles en étaient les seigneurs ; çn qualité de patron, l'archevêque, après avoir négligé l'ancien droit du quart de 2 setiers d'orge, ne percevait sur ce terroir que le quart de la dîme,

	liv.	sols	d.
affermé au prix annuel de....................	320	»	»

	liv.	sols	d.				
Charges locales..............	18	»	»	⎫			
Portion des charges générales.	42	13	4	⎬	99	18	4
Décimes...........	39	5	»	⎭			

	liv.	sols	d.
Net.....................	220	1	8

Fitou.

L'archevêque avait perdu sur l'église 3 setiers d'orge, sur l'hôpital une censive de 4 *pégas* d'huile. La seigneurie appartenant aux d'Aragon, il n'y percevait plus que le tiers de la dîme,

	liv.	sols	d.
évalué à................................	1.225	13	4

	liv.	sols	d.				
Charges locales..............	48	13	4	⎫			
Portion des charges générales.	163	7	5	⎬	328	15	3
Décimes...........	116	14	6	⎭			

	liv.	sols	d.
Net.....................	896	18	1

Fraisse.

Les de Bouisse d'abord, les de Saint-Jean de Moussoulens ensuite, furent seigneurs de ce lieu ; en sa qualité de patron ecclésiastique, l'archevêque y percevait le quart de la dîme,

	liv.	sols	d
évalué à......................................	406	»	»

	liv.	sols	d.		liv.	sols	d
Charges locales..............	15	»	»	⎱			
Portion des charges générales.	54	2	8	⎰	107	16	2
Décimes...........	38	13	6				
NET.....................					298	3	10

GLÉON.

Ce terroir, sur lequel était construite une chapelle, dépendait de la rectorie et du consulat de Villesèque. L'archevêque y percevait les trois huitièmes de la dîme, le recteur de Villesèque prenant les cinq huitièmes.

	liv.	sols	d.
Revenu annuel pour la part de l'archevêque, exempt de charges locales,.................	150	»	»

	liv.	sols	d.		liv.	sols	d.
Portion des charges générales.	20	»	»	⎱			
Décimes............	14	5	9	⎰	34	5	9
NET					115	14	3

GRAMAZIE.

La seigneurie appartenait à la famille d'Auberjon; l'abbé de Montolieu était patron de la rectorie. Aussi payait-il primitivement à l'archevêque une censive de 3 poules. L'archevêque n'y percevait en ces derniers temps qu'une part non fixée par cote simple de la dîme,

	liv.	sols	d.
qui donnait, sous bail à ferme, un revenu annuel de	393	7	6

	liv.	sols	d.		liv.	sols	d.
Charges locales..............	14	10	»	⎱			
Portion des charges générales..	58	9	»	⎰	110	8	2
Décimes...........	37	9	2				
NET					282	19	4

Hounoux et le Mazet.

Ces deux localités ne formaient alors qu'un seul taillable et relevaient de la seigneurie de Mauléon d'Hounoux
et de celle de M. Marion du Mazet ; l'archevêque y percevait le tiers de la dîme évalué, chaque lieu produisant
l'exacte moitié,

	liv.	sols	d.
à la somme annuelle de	929	»	»

	liv.	sols	d.		liv.	sols	d.
Charges locales..............	48	10	»	⎫			
Portion des charges générales..	123	17	4	⎬	260	16	10
Décimes..........	88	9	6	⎭			
Net.....................					668	3	2

Jonquières.

La seigneurie appartenait au roi et à la famille de Castillon ; le commandeur d'Homps y avait aussi quelques
droits. Primitivement l'archevêque n'y percevait que le
quart, il y perçut jusqu'à la Révolution le tiers de la dîme,

	liv.	sols	d.
estimé annuellement......................	300	»	»

	liv.	sols	d.		liv.	sols	d.
Charges locales..............	18	»	»	⎫			
Portion des charges générales..	40	»	»	⎬	86	11	5
Décimes..........	28	11	5	⎭			
Net.......					213	8	7

La Courtète.

L'archevêque percevait le tiers de la dîme,

	liv.	sols	d.
affermé au prix de.....................	624	10	»

	liv.	sols	d.		liv.	sols	d.
Charges locales..............	23	»	»	⎫			
Portion des charges générales.	83	5	4	⎬	165	14	8
Décimes..........	59	9	4	⎭			
Net...................					458	15	4

La Digne-Haute.

M. de Caudeval en était le seigneur ; l'archevêque y percevait le quart de la dîme seulement,

	liv.	sols	d.
produisant un revenu de	452	»	»

	liv.	sols	d.		liv.	sols	d.
Charges locales..............	27	»	»	}			
Portion des charges générales.	65	4	»	}	135	5	»
Décimes...........	43	1	»	}			
Net.....................					316	15	»

Lanet.

Ce lieu n'est pas mentionné dans le *Livre Vert* du xive siècle. La seigneurie appartint successivement à la famille d'Arse, aux de Mage, aux de Grave. L'archevêque en devint le patron et y perçut jusqu'à la Révolution le quart de la dîme,

	liv.	sols	d.
affermé au prix annuel de..................	175	15	6

	liv.	sols	d.		liv.	sols	d.
Charges locales..............	12	»	»	}			
Portion des charges générales.	23	8	8	}	52	3	5
Décimes...........	16	14	9	}			
Net.....................					123	12	1

La Roque-de-Fa.

Sur ce terroir, dont la seigneurie appartenait au roi et à la famille de Barre, l'archevêque percevait de temps immémorial le tiers de la dîme,

	liv.	sols	d.
affermé au prix annuel de..................	476	»	»

	liv.	sols	d.		liv.	sols	d.
Charges locales	18	»	»	}			
Portion des charges générales..	63	9	4	}	126	16	1
Décimes...........	45	6	9	}			
Net.....................					349	3	11

LASSERRE.

La seigneurie appartenait à M. de Mauléon, seigneur d'Hounoux; l'archevêque y percevait une portion (1) non fixée par cote simple de la dîme,

	liv.	sols	d.
affermée au prix annuel de	1.061	»	»

	liv.	sols	d.	
Charges locales	28	»	»	)
Portion des charges générales.	141	9	4	} 270 10 2
Décimes	101	»	10	)

	liv.	sols	d.
NET	790	9	10

LAURAGUEL.

Sur ce terroir, dont la seigneurie appartenait aux d'Auriol, l'archevêque percevait le quart de la dîme (2) qui était affermé au prix annuel de 853 livres 10 sols; plus, de la part du chapitre cathédral de Béziers (Saint-Nazaire), à la mense duquel la paroisse était unie, une rente de 10 livres; enfin 136 livres 6 sols 8 deniers pour la partie du domaine de Villemartin enclavée dans le taillable de Lauraguel.

	liv.	sols	d.
Au total	999	16	8

	liv.	sols	d.	
Charges locales	41	10	»	)
Portion des charges générales.	133	6	3	} 270 » 7
Décimes	95	4	4	)

	liv.	sols	d.
NET	729	16	1

(1) Autrefois le tiers de tous les fruits.
(2) Le droit de quart de 3 setiers d'orge et autant de froment avait été supprimé.

MAISONS.

Le roi en était le seigneur, en paréage d'abord avec les d'Arse et les de Vic, puis avec les de Barre. En qualité de patron, l'archevêque y percevait les trois cinquièmes de la dîme,

	liv.	sols	d.
baillés à ferme au prix annuel de.............	826	»	»

	liv.	sols	d.		liv.	sols	d.
Charges locales.............	18	»	»	}			
Portion des charges locales...	110	2	8	}	206	16	»
Décimes..........	78	13	4	}			
NET.....................					619	4	»

MAGRIE.

Le commandeur de Douzens en était le seigneur en toute justice et le patron. En échange sans doute d'un droit de 8 setiers de blé et de 4 setiers d'orge qu'il y prélevait autrefois, l'archevêque y percevait au xviii⁰ siècle le quart de la dîme,

	liv.	sols	d.
évalué à................................	514	»	»

	liv.	sols	d.		liv.	sols	d.
Charges locales.............	22	»	»	}			
Portion des charges générales.	68	10	8	}	139	9	8
Décimes..........	48	19	»	}			
NET.....................					374	10	4

MALRAS.

La seigneurie appartenait aux de Peyre. Les droits de l'archevêque, primitivement fixés à 40 sols que payait le recteur et au quart de la dîme du blé, furent postérieurement réduits à une portion non fixée par cote simple de la dîme du terroir.

	liv.	sols	d.
Ce revenu s'élevait à la somme de............	350	15	»

	liv.	sols	d.				
Charges locales..............	16	»	»	}			
Portion des charges générales.	46	15	4		96	3	5
Décimes...........	33	8	1	}			
Net......................					254	11	7

MALVIÈS.

L'abbé de Lagrasse en était le seigneur et le patron. Ici encore les droits de l'archevêque avaient subi une modification; primitivement il y percevait la seizième partie de la dîme du blé, le quart de celle du vin et la douzième partie sur les viandes. Il n'y perçut en dernier lieu qu'une portion non fixée par cote simple de la dîme, en y joignant 136 livres 6 sols 8 deniers pour la part du domaine de Villemartin, comprise dans le taillable de Malviès.

	liv.	sols	d.
Le tout s'élevant au prix annuel de	485	6	8

	liv.	sols	d.				
Charges locales..............	20	»	»	}			
Portion des charges générales.	64	14	2		130	18	6
Décimes	46	4	4	}			
Net......................					354	8	2

MASSAC.

La famille de Saint-Martin était seigneur du lieu. Les censives de volailles, de blé et d'orge, primitivement perçues par l'archevêque, avaient été abandonnées; mais il y perçut toujours le quart de la dîme,

	liv.	sols	d.
estimé annuellement........................	129	10	»

	liv.	sols	d.		liv.	sols	d.
Charges locales..............	15	»	»				
Portion des charges générales.	17	5	4	}	43	12	10
Décimes..........	11	7	6				
NET.....................					85	17	2

MAZEROLLES.

MM. de Badens et d'Auberjon étaient coseigneurs du lieu. De temps immémorial l'archevêque percevait sur le terroir de Mazerolles le tiers de la dîme; sur ceux du prieuré de Faris (*alids* Pharis) et de Couches, du taillable de Mazerolles, la totalité de la dîme. Le tout était affermé pour le prix annuel de 1,096 livres 3 sols 4 deniers pour Mazerolles et 1,136 livres pour Faris et Couches.

	liv.	sols	d.
Total....................................	2.232	3	4

	liv.	sols	d.		liv.	sols	d.
Charges locales..............	116	13	4				
Portion des charges générales.	297	12	5	}	626	17	5
Décimes	212	11	8				
NET.....................					1.605	5	11

MISSÈGRE.

Ce lieu, qui ne figure pas au *Livre Vert* du xive siècle, avait pour patron l'abbé de Saint-Polycarpe; pour seigneurs les d'Arse, les de Cascastel. L'archevêque ne percevait dans ce terroir que les deux onzièmes de la dîme,

	liv.	sols	d.
affermés au prix de........................	256	»	»

	liv.	sols	d.		liv.	sols	d.
Charges locales..............	16	10	»				
Portion des charges générales.	34	2	8	}	75	»	5
Décimes...........	24	7	9				
NET.....................					180	19	7

MONTAUT.

La seigneurie appartenait à la famille d'Hautpoul. Primitivement fixés à la moitié des fruits, les droits de l'archevêque furent réduits au tiers de la dîme,

	liv.	sols	d.
et produisaient un revenu de................	338	»	»

	liv	sols	d.				
Charges locales..............	23	»	»				
Portion des charges générales..	45	1	4		100	5	»
Décimes..........	32	3	8				
NET....................					237	15	»

MONTGAILLARD-DU-RAZÈS.

Les de Peyre et les de Lasset étaient seigneurs du lieu. De temps immémorial l'archevêque y perçut le tiers de la dîme; il y avait perdu ou abandonné un droit de quart de deux setiers d'orge et de froment.

	liv.	sols	d.
Revenu...................................	568	»	»

	liv.	sols	d.				
Charges locales..............	18	»	»				
Portion des charges générales.	75	14	8		147	16	6
Décimes..........	54	1	10				
NET					420	3	6

MONTGAILLARD-DU-TERMENÈS.

L'archevêque était seigneur haut et bas justicier de ce terroir et du terroir de La Cave, situé non loin des remparts; il y percevait par conséquent les droits afférents au droit de justice : censives, quête en argent, froment, orge, avoine, tasques, lods et autres. Tout cela avait été aliéné. La seigneurie passa aux de Thury, aux d'Aban qui s'allierent plus tard aux Ferrouil de Montgaillard. L'archevêque n'y conserva jusqu'à la Révolution que le tiers de la dîme,

	liv.	sols	d.
affermé au prix annuel de	406	»	»

	liv.	sols	d.		liv.	sols	d.
Charges locales	18	»	»				
Portion des charges générales.	54	2	8		110	16	2
Décimes	38	13	6				
NET					295	3	10

MONTGRADAIL.

Le roi et les de Lasset étaient coseigneurs du lieu. L'archevêque y percevait de temps immémorial la moitié de la dîme,

	liv.	sols	d.
affermée en ces derniers temps pour le prix annuel de	777	«	»

	liv.	sols	d.		liv.	sols	d.
Charges locales	33	»	»				
Portion des charges générales.	103	12	»		210	12	»
Décimes	74	»	»				
NET					566	8	6

MONTSÉRET.

Le roi et l'abbaye de Fontfroide se partageaient ici la seigneurie; l'archevêque en était le patron et il y percevait, en ces derniers temps, une portion de dîme difficile à fixer par cote simple.

	liv.	sols	d.
Elle était affermée pour le prix annuel de	553	10	»

	liv.	sols	d.		liv.	sols	d.
Charges locales	18	»	»				
Portion des charges générales.	73	15	10		144	11	2
Décimes	52	15	4				
NET					408	18	10

MOUTHOÙMET.

La seigneurie appartenait à la famille de Barre ; l'archevêque y percevait de temps immémorial le quart de la
dîme,

	liv.	sols	d.
affermé au prix annuel de.....................	439	»	»

	liv.	sols	d.			
Charges locales..............	18	»	»			
Portion des charges générales.	58	10	8	118	6	8
Décimes	41	16	»			
NET				320	13	4

PAULIGNE.

Après avoir négligé le droit de quart de 6 setiers de blé
et autant d'orge, l'archevêque y perçut jusqu'à la Révolution le quart de la dîme,

	liv.	sols	d.
affermé au prix de...........................	350	15	»

	liv.	sols	d.			
Charges locales..............	18	»	»			
Portion des charges générales..	46	15	4	98	3	5
Décimes	33	8	1			
NET				252	11	7

PEYREFITE.

La famille de Lévis était seigneur du lieu ; l'archevêque,
en qualité de patron, y percevait de temps immémorial
le tiers de la dîme,

	liv.	sols	d.
estimé sous bail au prix annuel de...........	468	»	»

	liv.	sols	d.			
Charges locales..............	28	»	»			
Portion des charges générales.	62	8	»	134	19	5
Décimes....................	44	11	5			
NET				333	»	7

Pomy.

La seigneurie de ce lieu était aux mains de la famille d'Aussillon; l'archevêque, patron ecclésiastique, y percevait le quart de la dîme,

	liv.	sols	d.
affermé au prix de......................	298	»	»

	liv.	sols	d.				
Charges locales.............	14	»	»				
Portion des charges générales.	39	14	8	}	82	2	1
Décimes..........	28	7	5				

	liv.	sols	d.
Net..................	215	17	11

Rouffiac-des-Corbières.

Dans l'ancien régime ecclésiastique, « Rouffia » était une annexe de Duilhac. Ce lieu a eu plusieurs seigneurs locaux : les d'Aban, les d'Arse, les de Casemajou. L'archevêque y avait perdu la pension annuelle d'un setier de blé que lui servait le prieur de Rouffiac; mais il y conserva jusqu'à la Révolution le quart de la dîme,

	liv.	sols	d.
affermé au prix annuel de..................	359	»	»

	liv.	sols	d.				
Charges locales.............	18	»	»				
Portion des charges générales.	47	17	4	}	100	1	4
Décimes..........	34	4	»				

	liv.	sols	d.
Net..................	258	18	8

Saint-André-de-Roquelongue et Gaussan.

Cette rectorie et cette chapelle formaient un seul taillable et dépendaient en toute seigneurie et justice du monastère de Fontfroide, qui en était aussi le patron ecclésiastique. De tout temps néanmoins l'archevêque y perçut une rente, d'abord fixée à 20 sols tournois et 16 setiers de blé, et dans les derniers temps, à 32 sols en argent, 16 setiers de blé et autant d'orge. Cette pension, requérable sur les lieux et exempte de charges locales,

	liv.	sols	d.
revenait, année commune, à..................	297	18	»

	liv.	sols	d.		liv.	sols	d.
Portion des charges générales.	39	13	9				
Décimes..........	28	5	10		67	19	7
NET.....................					229	12	5

SAINT-JUST-DE-FOREST OU BELENGARD.

La seigneurie de ce lieu appartenait à M. de Lévis-Mirepoix et à Mme de Malauze. Primitivement cette chapelle rurale était annexée à la mense archiépiscopale ; elle fut plus tard érigée en rectorie et l'archevêque n'y perçut que le tiers de la dîme,

	liv.	sols	d.
affermé au prix annuel de..................	388	»	»

	liv.	sols	d.		liv.	sols	d.
Charges locales..............	18	»	»				
Portion des charges générales.	65	1	4		129	10	10
Décimes..........	46	9	6				
NET.....................					258	9	2

SAINT-MARTIN-LA-PIERRE-LYS.

L'archevêque était autrefois seigneur en toute justice de ce lieu ; vers le milieu du XVIIIe siècle il inféoda ce domaine qui comprenait une forteresse, une maison, un moulin à huit meules, une forêt ; il abandonna tous les droits de censives en argent ou en nature entre les mains de M. de L'Huillier, seigneur de Belvianes et Rouvenac, sous réserve de mouvance, et l'albergue annuelle de 120 livres, sans charges locales,

	liv.	sols	d.
ci	120	»	»

	liv.	sols	d.		
Portion des charges générales.	16	»	»	}	
Décimes	11	8	6	}	27 8 6
NET					102 11 6

SAINT-MARTIN-DE-VILLEREGLAN.

Le roi et M. de Casteras étaient les seigneurs du lieu. L'archevêque avait abandonné le droit de quart de deux setiers d'orge et autant de froment; mais il y percevait de temps immémorial, comme patron, le quart de la dîme, affermé, en y comprenant la part de dîme de Ville-martin, afférente à ce taillable (136 livres 6 sols 8 deniers),

	liv.	sols	d.
sous le prix annuel de	804	6	8

	liv.	sols	d.		
Charges locales	30	»	»	}	
Portion des charges générales.	107	4	10	}	213 16 10
Décimes	76	12	»	}	
NET					590 9 10

SAINT-PIERRE-DES-CHAMPS.

Ce lieu relevait des Bénédictins de Lagrasse. Primitive-ment la dîme, prélevée sur le blé et le vin seulement, était divisée entre le recteur qui prenait cinq huitièmes et l'archevêque qui percevait trois huitièmes. Plus tard, après que le recteur eût sans doute opté pour la portion congrue, l'archevêque en prélevait une portion non fixée par cote simple,

	liv.	sols	d.
qui était affermée au prix annuel de	356	»	»

	liv.	sols	d.		
Charges locales	28	»	»	}	
Portion des charges générales.	47	9	4	}	109 17 1
Décimes	34	7	9	}	
NET					246 2 11

SALZA.

M. de Mage était seigneur de ce lieu. L'archevêque y prélevait d'abord une pension d'orge et de froment qu'il abandonna ; au xviiie siècle il y percevait le quart de la dîme,

	liv.	sols	d.
affermé pour le prix annuel de	286	4	6

	liv.	sols	d.			
Charges locales	12	»	»			
Portion des charges générales.	38	3	4	77	7	7
Décimes	27	4	3			
NET				208	16	11

SOULATGE.

La seigneurie, après avoir appartenu à M. de Daureuille, était aux mains de M. le commandeur d'Homps, seigneur de Massac. L'archevêque y percevait autrefois une censive de 5 quartières d'avoine et 5 volailles ; il n'y prélevait en dernier lieu que le quart de la dîme,

	liv.	sols	d.
affermé au prix annuel de	562	»	»

	liv.	sols	d.			
Charges locales	15	»	»			
Portion des charges générales.	74	18	8	143	9	1
Décimes	53	10	5			
NET				18	10	11

TALAIRAN.

Après avoir suivi la fortune des de Narbonne, la seigneurie de ce lieu était venue aux mains de M. le marquis

8

d'Avizard. Fixée d'abord au tiers, la dîme, perçue par
l'archevêque en qualité de patron,

	liv.	sois	d.
s'élevait dans les derniers temps à............	1.059	13	4

	liv.	sols	d.			
Charges locales..............	34	13	4			
Portion des charges générales.	141	5	8	277	7	4
Décimes..........	101	8	4			
NET....................				782	6	»

TERMES.

Comme ce lieu relevait directement du roi de France et
de M. de Mage plus tard, l'archevêque n'y percevait aucun
droit; mais parce que le terroir de Creuille, paroisse de
Durfort, et celui de Prat-de-Neu, paroisse de Vignevieille,
appartenaient au taillable de Termes, nous relevons au
profit de l'archevêque une portion de dîme évaluée pour
Creuille à 75 livres par an, à 15 livres pour Prat-de-Neu.

	liv.	sols	d.
Total..........................	90	»	»

	liv.	sols	d.			
Charges locales (pour les églises de Vignevieille et de Durfort).	6	15	»			
Portion des charges générales..	12	»	»	27	6	3
Décimes............	8	11	3			
NET...................				62	13	9

TOURREILLES.

L'archevêque avait perdu un droit de quart de 2 setiers
de blé et autant d'orge; mais il y conserva le quart de la
dîme,

	liv.	sols	d.
évalué, d'après le bail de 1785, à..............	371	»	»

	liv.	sols	d.			
Charges locales..............	23	»	»			
Portion des charges générales.	49	10	8	108	»	8
Décimes...........	35	10	»			
NET....................				262	19	4

TREILLES.

Seigneur, M. de Massia. De temps immémorial l'archevêque percevait le tiers de la dîme,

	liv.	sols	d.
évalué sous bail à la somme annuelle de......	430	»	»

	liv.	sols	d.				
Charges locales..............	18	»	»				
Portion des charges générales.	57	6	8	}	116	5	7
Décimes..........	40	18	11				

	liv.	sols	d.
NET.....................	313	14	5

TUCHAN ET DOMNOVE (1).

Après avoir perdu sur l'église de Tuchan, unie à l'abbaye de Fontfroide, une pension annuelle d'un setier d'orge et autant de froment, l'archevêque perçut jusqu'à la Révolution le quart de la dîme sur le terroir de Tuchan et de Domnove.

	liv.	sols	d.
Ce revenu était estimé.....................	578	»	»

	liv.	sols	d.				
Charges locales..............	137	10	»				
Portion des charges générales.	77	1	4	}	269	12	2
Décimes..........	55	»	10				

	liv.	sols	d.
NET.....................	308	7	10

VIGNEVIEILLE ET DURFORT.

Ces deux paroisses où le roi, MM. de Mage, puis de Saint-Jean et l'abbaye de Lagrasse étaient coseigneurs,

---

(1) Domnove, annexe, ancienne communauté, ancienne paroisse Saint-Barthélemy.

ne formaient qu'un seul taillable (1). L'archevêque y
percevait le quart de la dîme, évalué sous bail à ferme à
la somme de 413 livres; il avait abandonné le droit de
50 sols que chaque nouveau curé de Durfort devait lui
payer,

	liv.	sols	d.
ci..	413	»	»

	liv.	sols	d.		liv.	sols	d.
Charges locales..............	30	19	6	⎫			
Portion des charges générales.	55	1	4	⎬	125	7	6
Décimes.............	39	6	8	⎭			
NET.....................					287	12	6

VILLARDEBELLE.

La dîme appartenant à l'archevêque n'était prélevée
autrefois que sur les viandes; plus tard, elle s'étendit à
tous les fruits pour une portion non fixée par cote simple,

	liv.	sols	d.
évaluée sous bail à ferme à.	150	»	»

	liv.	sols	d.		liv.	sols	d.
Charges locales..............	8	»	»	⎫			
Portion des charges générales.	20	»	»	⎬	42	5	9
Décimes..........	14	5	9	⎭			
NET.....................					107	14	3

VILLARZEL.

Primitivement l'archevêque ne percevait aucun droit
sur la paroisse de Villarzel (2); seule la chapelle rurale de

(1) Voir Termes, pour une partie supplémentaire.
(2) La seigneurie appartenait à M. de Villarzel.

Saint-Pierre-de-Fonvive lui payait la dîme. En ces derniers temps la chapelle ayant été détruite, il percevait sur la paroisse entière le tiers de la dîme,

	liv.	sols	d.
affermé au prix annuel de...................	1.227	»	»

	liv.	sols	d.				
Charges locales.............	28	»	»				
Portion des charges générales,	163	12	»		308	9	1
Décimes..........	116	17	1				
NET.....................					918	10	11

VILLELONGUE.

Ici encore l'archevêque avait abandonné le droit de quart de deux setiers de blé et autant d'orge. Quant à la dîme, autrefois elle appartenait pour trois huitièmes à l'archevêque, pour cinq huitièmes au recteur; elle était au xviii⁰ siècle partagée par moitié entre eux (1). La part de l'archevêque était estimée, dans le bail de 1785,

	liv.	sols	d.
à la somme annuelle de...................	1.937	10	»

	liv.	sols	d.				
Charges locales.............	83	10	»				
Portion des charges générales.	258	6	8		526	5	4
Décimes..........	184	8	8				
NET..........					1.411	4	8

VILLEMARTIN.

Le domaine de Villemartin appartenait aux de Casteras en toute seigneurie; il empiétait sur divers taillables, Limoux, Cépie, Pieusse, Saint-Martin-de-Villereglan, Malviès et Lauraguel. Nous ne supputerons ici en recettes

_____

(1) M. de Saint-Jean était le seigneur de Villelongue.

et en dépenses que la part spéciale du terroir de Villemartin, soit un tiers de la dîme (1).

	liv.	sols	d.
évalué à......................................	409	»	»

	liv.	sols	d.		liv.	sols	d.
Charges locales................	6	»	»	⎱			
Portion des charges générales.	54	18	»	⎰ 99	17	»
Décimes..........	38	19	»			
NET.....................				309	3	»

VILLESÈQUE-DE-LA-CORBIÈRE.

Les Guy de Pompadour étaient seigneurs du lieu. L'archevêque y avait abandonné le droit de quart d'un setier
de blé et d'un setier de froment; mais comme patron il y
perçut toujours le quart de la dîme de tous les fruits,

	liv.	sols	d.
évalué sous bail à la somme annuelle de.......	565	»	»

	liv.	sols	d.		liv.	sols	d.
Charges locales...............	31	13	4	⎱			
Portion des charges générales.	75	6	8	⎰ 160	16	1
Décimes..........	53	16	1			
NET.....................				404	3	11

V

RESSORT DU CONSEIL SOUVERAIN DU ROUSSILLON

Ce conseil fut créé par édit royal du 18 juin 1660. Il
connaissait en appel des affaires des vigueries et des
bailliages. Une de ses chambres composait le *consistoire
du domaine*; par évocation elle connaissait des cas privi-
légiés civils ou criminels. Le consistoire ou chambre du
domaine recueillit les affaires traitées auparavant au point

---

(1) Autrefois la moitié.

de vue administratif et contentieux par la *procuratio real* des comtés de Roussillon et de Cerdagne.

Comme tribunal civil et criminel, le conseil souverain remplaçait deux tribunaux : la *gobernacio*, tribunal du gouverneur de Roussillon et l'*audiencia real* de Barcelone. Aucune cause, par privilège, n'était évocable hors de la province.

Les localités que nous allons mentionner, et dans lesquelles l'archevêque de Narbonne avait quelques droits, dépendaient en appel de la *goberr acio* et par évocation de l'*audiencia real*.

Dans le Roussillon, le domaine temporel de l'archevêque de Narbonne avait été singulièrement négligé.

A Pia, l'archevêque était autrefois seigneur en toute justice; château, maisons, moulins, censives en nature et en argent, tasques, lods, rien n'y manquait. Il avait même sept vassaux dont il recevait l'hommage. Au XVIIIe siècle l'archevêque n'y possédait plus rien.

A Perpignan, il n'avait conservé « qu'un fief avec lods au sixième et censive annuelle, sur une maison ou logis dit *Sauvage*, quartier dit Lascudarié, en la paroisse de Saint-Jean ». Encore ne connaissait-on ni la consistance ni la valeur du fief.

A Rivesaltes, où il avait autrefois une partie de la directe et un droit de lods, dîme et tasques, l'archevêque n'y percevait plus rien.

Même situation à Calce, à Peyrestortes, à Clara, à Saint-Laurent-de-la-Salanque, à Vingrau.

A Tautavel, il percevait seulement une portion non fixée par cote simple de la dîme,

	liv.	sols	d.		llv.	sols	d.
affermée pour le prix annuel de..............					180	»	»
Charges locales.............	15	»	»				
Portion des charges générales.	24	»	»	}	56	2	9
Décimes...........	17	2	9				
Net....................					123	17	3

Si nous résumons les supputations de cet immense
budget archiépiscopal, nous trouvons les données suivantes :

REVENU :

	liv.	sols	d.	liv.	sols	d.
Sénéchaus. de Carcassonne.	94.195	8	10			
Sénéchaussée de Béziers...	30.823	14	3	212.305	»	»
Sénéchaussée de Limoux...	87.105	16	11			
Conseil souv. de Roussillon.	180	»	»			

CHARGES :

	liv.	sols	d.	liv.	sols	d.
Charges locales..........	17.253	2	7			
Charges générales........	28.485	10	»	66.033	10	7
Décimes	20.294	18	»			
REVENU NET.............				146.271	9	5

Telle était la situation financière que les siècles avaient
créée et conservée à l'archevêque de Narbonne; la Révolution l'emporta. Pour accepter ces chiffres, on sent le
besoin de se reporter cent ans en arrière; de se rappeler
que, sorti de familles nobles, mêlé à tous les rouages de
l'État, l'épiscopat français devait mener une vie brillante,
retentissante. Sa situation sociale et politique, son rôle
profane, sa présence à la cour lui en faisaient presque une
obligation; le faste de l'époque et les goûts personnels
n'étaient pas de nature à le faire réagir contre l'entraîne-
ment général. A peu d'exceptions près, les archevêques de
Narbonne donnèrent dans ce travers; heureux encore
s'ils ne laissèrent pas après eux une situation obérée,
malgré la riche prébende dont ils étaient pourvus.
D'une origine et d'une éducation plus modestes, l'épiscopat mène aujourd'hui une existence plus simple et plus

retirée; dispensé d'intervenir dans l'administration temporelle, il vaque plus librement aux soins spirituels du
troupeau. Quant à la fortune, il sait fort bien que, suivant
une parole que nous écrivons avec tout le respect possible, « il vaut mieux plus d'honneur et un peu moins
d'argent ».

TABLE DES MATIÈRES

www.ingramcontent.com/pod-product-compliance
Lightning Source LLC
Chambersburg PA
CBHW052127090426
42741CB00009B/1986